暗中观察

吴主任 著

復旦大學出版社

写在前面的话

一篇文章或一本书，写完那一刻，除了所谓的著作权，在真实的层面跟作者就没什么关系了。印刷成册只是痕迹的捕捉，好像自己曾经说过的一些话被固定了。

我在整理这些文字时，熟悉又陌生，好像重新审视并认识了一遍自己，这算是惊喜。更多的是遗憾，因为自己知道永远有完善的空间，但正是这种永远，也几乎等于遗憾是必然的。

"暗中观察"这四个字，今天是以一系列的表情为人熟悉。我太喜欢这些表情了，认为它代表了这个时代每个人身上的某种特征。无论是浏览微博还是朋友圈，都是一种暗中观察。

我们都很熟悉的一些新闻或时事评论节目通常会有个严肃

的栏目名——××观察。刚好，我写的这些内容也是一种现象或话题的观察。

这书里的文章如果说有什么用的话，大概是为日常生活讨论问题，提供一些思考角度的参考。除此之外，没什么用。对每个人来说，更重要的是自己当下的生活。

其他不多说了，但愿你们喜欢，看完不觉得浪费了买书钱。但这已经由不得我了。

·目 录·

稀缺性是常识第一课

既然你有刀,不如分点肉
002*

为什么医患矛盾永不停歇?
005*

美国黑社会之犯罪邀请
009*

可再生能源的幻觉
012*

污染工厂背后哪有什么文化冲突
016*

有创造才有分配

被妖魔化的"贫富差距"
022*

如果你也关心就业问题
025*

没得选才最惨
028*

出租车行业一点也不特殊
031*

从专车的出现更好理解交易行为
035*

人为什么不想生了?
038*

减税,藏富于民
045*

"996"不是谁规定的,是大家抢破头竞争出来的
051*

如果养老金结余耗尽,怎么办?
056*

产权是文明的基石之一

为什么不可能存在猫狗权
060*

谈谈代孕问题
063*

有的选择就是歧视
066*

百年前英国崛起带来的启示
069*

看来有必要重新认识"文明"二字
073*

莆田系和百度
078*

房市楼市

如果房产税那么神奇
088*

炒房背后的真相
091*

面对房价,你还需要知道这些
095*

房子到底干吗用?
098*

攒钱回乡盖房不如村口发钱
101*

一线城市好在哪里?
105*

买房在县城?
109*

思辨的乐趣

那些利弊权衡症患者
114*

自由很脆弱
118*

历史为何如此相似
121*

公益广告有什么问题吗?
126*

向钱看才最公平

向钱看才最公平
130*

只要有人买，它就是这个价
134*

慷他人之慨，讲良心当然很容易
137*

认清这些残酷的现实
140*

打击富人只会让你变得更穷
144*

繁荣需要秩序

保护民族企业，怎么保护？
150*

让"建设性意见"拜拜吧
154*

让孩子和父母在一起
158*

学校教育很重要但并不是全部
164*

互联网破坏了生活？
168*

城市的繁荣与伟大
172*

说说安乐死
178*

观念的力量

你不可能比他更惨
184*

太难了,互相理解一下吧
190*

反资本主义的心态
195*

换位思考,可以理清很多问题
198*

独立是独立了,但不思考
202*

大家请放心,阶层没有固化
206*

无论如何，不要丧失自我
211*

不是为他人，而是救自己
214*

无知和无耻
221*

是教育使人愚蠢
226*

饭碗捧得越久，人废得越彻底
230*

因减负吵成一团，说明大锅饭式教育深入人心
233*

人和观念也就随缘吧
239*

稀缺性是常识第一课

既然你有刀，不如分点肉

要求免费医疗、免费教育、免费住房、免费……

网上盛行各种一张图看懂中国财政收入多少，一年花在教育医疗上面有多少，三公消费又是多少——大家都不陌生。多数人的第一反应就是，政府既然收了那么多税，就得为民谋福利。所谓取之于民，用之于民。这个理由再正当不过。

这种想法不能说不对，只是与预想的结果完全不是一回事。政府分配吃喝的日子不是没有过。吃都免费了，钱根本没用。老一代的人在怀念过去，说是虽然过去怎么都不会比现在好，但过去有一点美化了他们的回忆：大家都穷。如今贫富差距带来的各种不适应，对很多人而言还不如回到过去。这都是一厢情愿的幻觉，真有机会回到过去一起穷，这些人马上就哭了：下一顿饭在哪儿呢？

有人会说，过去是真的太穷了，没有可比性。那么对比一下欧洲国家，来看看被免费爱好者神话了的英国全民免费医疗体系。

英国国家医疗服务体系（NHS）机构相当臃肿，雇员堪比国家军队。听起来很美妙，四处都是医务人员，而其实该机构中大部分都是管理人员。NHS已经是个官僚巨无霸了。这些官僚是要给开工资的，所以为维持庞大医护体系，真正用到病人身上的费用不足资金总数的40%。

英国有着将近85万的病人等着进NHS医院。据官方保守数字，预约常规门诊需要6个月，等候住院手术要18个月。这都是免费的必然结果。想象一下中国免费医疗的盛况，任何一天去医院，排在队伍前面的仅仅是今天腰腿有些不舒服的大爷大妈就得有半个北京城。

医疗是一种服务，依然遵循市场规律，竞争永远好过国家大一统的安排，竞争是一个讨好消费者的过程。这一点可以参考已经充分竞争的行业。公立医院可没这个动力，因为机构的属性导致了从上到下的动机和目标不一样。很多反对医疗市场化的说法经常提到"唯利是图",实际上恰恰是私人企业"唯利是图",才可能提供更好的服务,才可能在竞争中立于不败之地。

人们对医疗市场化的最大担忧是:市场化后那些看不起病的人怎么办?看不起病、上不起学的现象一定有,因为资源总是稀缺的,如果我们能从人类的进步历史中提炼关键词,大概就是"解决稀缺"四个字。这么庞大的市场,对资本和潜在的企业家而言就是个金矿,但前提是需要一个更自由和开阔的市场。而如果期待用全民免费去解决,本质上是一次低效率的财政转移,全民免费项目之所以被称为"神话",因为转移不仅无法解决稀缺问题,还会在转移过程中滋生腐败。这在根本上并不解决"稀缺"问题。

羊毛长在羊身上,猪肉长在猪身上。天上不会掉馅饼,医疗服务不是凭空出现,全民免费医疗中所有的钱都是每个人的钱。分歧就在于,征收更多钱用于公立医疗服务,又或者在多大程度上允许民间资本在市场中竞争为人们提供医疗服务。

足够多的人对全民免费医疗有强烈期待,仿佛听到猪的诉求,既然你有刀,不如也分点肉。

为什么医患矛盾永不停歇？

医生被杀的新闻最近好像又有几起。

医疗的特殊性在哪儿？医疗很重要，但医疗也只是一种服务，事实上跟其他服务行业一样，并不特殊，或者说从来没有一个将其特殊化的理由站得住脚。

如果把餐饮行业彻底国有化，那么饭店与顾客也会有矛盾。这不是假设，而是并不久远的生活经验。

"本店绝不打骂顾客！"这是几十年前一家国营餐厅贴出来的标语。现在看起来简直魔幻，但你可以想象一下当年人们去吃个东西遭遇到的是什么样的服务。"爱吃不吃，不吃走人。"顾客一点办法没有，为什么？因为就这里有，再叽歪可能真的就饿肚子了。

医疗问题，情况是一样一样的。挂号，排长队，赶紧的，好了，就这样，问什么问，后面还有几十个人呢。就算如今医生态度温柔友好，但每天这么重复着，他们也是随时会绷不住。患者以及他们的家属更委屈，天还没亮就来排了半天队，被医生两分钟打发了，还没得选，哪个城市不都是就那几家口碑好的。这根本不是正常现象。

很容易被忽视的还有一点，这种体制下的医生因浑身的"权力感"导致内心矛盾，觉得自己的态度是一种放下架子的"仁爱"，这不是健康市场中的服务者心态。市场有竞争有压力有选择，而如今的某些医生有一种"崇高感"附体。患者的内心也是委屈到不行。这种情况下，医生和患者不是在进行自愿的服务提供和购买，更像是一种施舍。

相比之下，如果你们去过牙科诊所就知道什么叫如沐春风的医疗服务。为什么呢？牙科诊所开业相对比较自由。私立诊所数量多，行业交流频繁，技术上紧跟国际水平。如果你更有钱，去口碑较好的私立医院，你就知道什么叫五星级体验。

坑蒙拐骗的民营医院那么多，居然还能生存，人们因此听到民营就恼火，认为这就是医疗市场化的结果。实际上并非如此，这是畸形制度下的产物，反而是在指出一个事实，连这么烂的医院都能活下来，可见医疗资源有多匮乏。当人没饭吃的时候，猪食也是可以下咽的。

医疗行业更开放更市场化，将会有更多的人享受到优质服务。什么层次的都有。如果手机行业从一开始就被政府管制，现在大家用的可能还是功能机。一样的道理，如果富裕的人可以用更高的价格从特殊渠道买到iPhone，大多数人就不可能享受到物美价廉的智能手机，移动互联网也不会如此蓬勃发展。如果早期互联网被纳入"管理"，现在大家上网看到的就是如今你们能看到的各地政府网站，随便打开一个看看，五彩斑斓让你眼花缭乱，一键回到互联网石器时代。

对"管一管"的迷信，是对秩序来源的误解，也是一种自负。觉得除了自己这种高素质人才之外，其他人都没办法用自己的钱来选择好的东西，需要政府来帮他管理好。当一切商品服务都进入"管理"状态，那就是全社会匮乏的时代。上了年纪的人还是有深刻记忆的，能搞到一双真皮皮鞋都得有关系。

各行业的例子生动活泼就在眼前。但为什么还是有那么多人在支持着政府以管理或者有序的名义来对各种行业横加干涉？我也很困惑，只能猜测，是因为很多人是真的没机会或者也没心思稍微花点时间思考一下。民营医院的坏名声把他们都吓坏了，情绪淹没了理性。

只要还有更多人觉得医疗不能市场化，那么医疗行业就很难进步，因为观念在指导行动，这不只是就医去向问题。

社会上的观念起起伏伏，权力强弱交替，几乎每个人都要被这样的医疗现状折磨。而对那些担心医疗市场化的公立医院的医护人员来说，医患冲突看起来就是一种求仁得仁了。

美国黑社会之犯罪邀请

街头刀光剑影，搞点小破坏，收点保护费，这都是低端混混干的活，高调而低效。当然，说是社团创业初的状态也无不可。黑社会在多数人眼里总是伴随着暴力。但是，黑社会更本质的内容应该是暴利。黑社会涉足的行业，都有个共同特点，大部分是非法生意。违法本身就是经营这些行业的巨大成本，有能力支付，或者说敢于支付的人总是少数。

怎样巧妙犯法，贿赂官员，暴力威胁竞争对手等，都是从事非法行业所必需的比较优势。这里的"优势"不是一个评价，是一个分析上的说法。无管制行业，人人可经营，"擅长违法"也就没任何优势。因此我们未曾听说哪个黑帮的主要业务是卖面包或牛奶。

20世纪20年代的美国曾颁布过禁酒令。宣布非法并没有摧毁供应过程。想喝酒的人依然买得到，人们只是把买卖转移到了地下而已。酒的买卖很自然地由几大有势力的黑帮把持。人们喝酒的需求相对稳定，但因为非法制造和贩卖存在巨大风险，因此酒的产量或者说供给，并不可能像合法时期那样对价格的变化那么敏感。合法时期，酒价的轻微上涨就可能让供应商增加供给，巨大的利润会诱使很多潜在的生产商加入，竞争的最终结果是，价格趋于稳定，利润也不再丰厚。因此，非法的结果就是酒的价格暴涨，且还能有可观的利润。这是一份犯罪邀请。必然的高利润引诱着在犯罪上有比较优势的人铤而走险。

非法时期的消费者肯定不是上帝。总体上看，有酒喝就不错了。而对黑帮而言，运一车啤酒和运一车烈酒风险是一样的，都可能被抓。不需要多精明的酒贩，也知道生产和运输烈酒更为划算，因为烈酒在黑市上的价格要高得多（同理，毒贩们能运高纯度白粉绝不会去运一堆大麻）。市面上烈酒遍地都是，淡酒很少。因而禁酒期间死于酒精中毒的人要比合法时期多得多——完全与禁酒令的初衷相违背。对经营非法行当的行为使用"犯罪"两个字，是相对于当时的法律规定而言，这其中包括暴力以及死亡的坏结果。如今也没见哪个黑帮在把持酒行业，酒类的品种也不再局限于高纯度烈酒，什么口味浓度都有人给生产出来。

美国禁酒的这段历史生动地展示了一项合法的交易被定为非法之后引发的一系列恶果。

可再生能源的幻觉

每天有多少汽油在燃烧啊，肯定有用完的一天吧！加上环保主义者变着花样的危言耸听，一些人就忧心忡忡。鸡贼的商人则抓住了这样一个机会，把可再生的概念炒翻天，套取政府补贴。可再生能源变得炙手可热，听起来是一种永不枯竭的能源。

光伏炒了有好几年，只是雷声大雨点小。光伏太阳能之类的企业大都经不起考验。一个很简单的疑问，既然那么厉害，何需政府资金扶持？目前地球上的可再生能源企业几乎都要靠当地政府补贴才能存活。

先看生物燃料。2004～2007 年，世界玉米收成增加了 5 100

万吨,但其中5 000万吨变成了乙醇。穷人70%的收入都是花在粮食上。美国车主为了加满自己的油箱,从穷人嘴里抢走了碳水化合物,而且这件事是绝大多数人都受损的结果。每一亩玉米或甘蔗,都需要拖拉机燃料、施肥、农药、卡车燃料和蒸馏燃料——最滑稽的是,种植燃料需要的燃料,其投入和产出量基本相同。而且生物燃料需要土地,大量的土地。这是对环保和可持续发展的双重羞辱。

假设仅用太阳能、风能、水能发电,满足当下人类能源需求,放置太阳能电池板和风车之余,能否种上粮食都是个问题。剩下多少土地可供人类居住?这时候就别想着森林了,早已被砍伐殆尽。而如果是利用核电站提供能源,几百个大型的核电站就足够了吧。

油电混合车省油污染少,经常被美化。但是这种车成本高,显然是耗费了更多资源。再则有数据表明生产该车所需电池造成的污染非常之巨大。因此混合动力车不但不会减少污染,反而加大了能源消耗。

中国北方有很多家庭被忽悠买了太阳能热水器。一个大概3 000多元,假如比这个价格便宜也是因为政府补贴厂家,为鼓励光伏企业。听起来特别诱人,享受热水再也不用花钱了。可实际情况是，随便买一个几百元的电热水器，一年洗热水澡的电费才多少？而且随时都可以洗。太阳能就娇贵了。阴天雪天霜冻天基本无能，买个这样的热水器跟买一个太阳能手电筒有什么区别？跟所有机器一样，损耗是不能忽略的，到一定年限都是要坏。因此购买太阳能热水器的实际结果是，花了更多的钱享受到的是更差的热水体验。

政府补贴搞类似光伏能源这种事，当然也跟国际上活跃的环保主义分子的各种活动有关系。人类对化石燃料耗尽的焦虑从发现这些能源的第一天就有了，可谓极其漫长的悲观史。1914年，美国矿务局预测，本国的石油储量只能维持10年。1939年，内政部说，美国的石油能持续13年。20世纪70年代，吉米·卡特总统宣布："下一个10年结束之时，我们会把全世界所有探明的石油储量用完。"要知道，中国这个巨大的能量消耗国那时还未改革开放。新近发现的页岩气，让美国天然气的资源翻了一番，预计能用上300多年。短期内基本告别能源危机。

石油、煤和天然气理论上是有限的，会有用完的一天，但就目前的情况看，再用数百年不是问题。随着开发技术的提高和开发成本的降低，这一时间也必将延迟。

各种可再生能源的成本目前还很高昂，但不排除随着技术发展，能有极其高效的太阳能或者其他高效能源出现。而且相关的行业，诸如能源汽车的股东比谁都更关心这个问题。另外，价格的信号比任何盲目的担忧靠谱。在远未耗尽前，价格就已经能告诉所有人，选择什么样的能源是划算的。

人总是有危机感的，这不是坏事，但我认为，危机感仅限于个人以及家庭比较正常。这个地球会如何你关心不来。除了被忽悠，没别的。

污染工厂背后哪有什么文化冲突

几年前,《南方周末》曾邀请了一位诗人写了篇《炼油厂后面的文化冲突》。诗人评论家的笔法倒还算客气,不像常见的时评家对环保问题的莽撞,只是表示了一种担忧。诗人认为中国传统文化追求的是一种人与自然的和谐共处,"天人合一""道法自然",而西方具有悠久的征服自然的历史基因,这是污染类工厂不能忽视的文化冲突。该文结尾有这么一段匪夷所思的文字:

"就世界观来说,工业化及其意识形态在许多方面都已经过时了。依然盲目膜拜某些已经过时的世界观继续重蹈覆辙,那么今日确定无疑的成果不过是在创造未来的不可知。"

我大概看懂了诗人要表达的意思,老话说"工欲善其事,必先利其器",诗人显然没领悟,否则不至于用如此朦胧的文字表达观点。诗歌可以很美,可以不需要逻辑,但探讨问题最好还是把话说明白些。

我不妨也从文化的角度入手。在几乎没有工业化大生产的古代中国,文人呼吸着郊外清新的空气,吟诗一首,啊,田园牧歌,天人合一。这种感觉不稀奇,现在随便找个树林也能略有体会。深山老林氧气足。这背后不是诗情画意,是落后的生产力。文人的老婆在家煮饭,烟熏得四处都是。饭桌上的牛肉按现在的标准早就不能吃了,但这是家里这个月仅有的荤菜,热了又热勉强可以吃。文人的老母亲还活着实属不易,但每天都要花5个小时往家里挑水,之后半天要和儿媳一起砍柴。文人生病,正敷着药膏,活不了多久了。想把这美景留下来,只能找个村里的画匠随意涂抹,最终也是要烂掉。

可以想象,简直是地狱般的生活。古代的皇帝在某些方面能享受到的东西不及如今一个网吧少年。至于抽水马桶,做梦吧。

如果我们能诚实点,首先得承认,是现代工业文明给我们带来了美好生活。而现代文明的确离不开工业污染,这也不需要纠结。除非你下定了决心要回到大自然享受田园牧歌般的诗意生活。这倒也不是难以实现,但恐怕也就是拍几张照片写几篇文章矫情一番,真要送到深山里,哭都没人听。

既然现代文明生活无法避免工业污染——这必须成为共识,那么接下来的问题就是,如何更好地安置这些污染工厂,将其对人类健康生活的影响降到最小。这就需要协调,与安置处附近居民的协调。

举个通俗的例子,我们要享受美食,就得有个厨房,厨房必然产生油烟。所以,正常人都知道,除非条件所限,最好不要在卧室炒菜。这个地球就是全体人类的生活空间,那么要享受到现代文明,就得把工厂和居民区分离。这就涉及了拆迁和赔偿问题。

有人要在你家附近建污染厂,你不答应是很合理的。工厂方面也做好了谈判准备,补偿选址地居民是必要的成本。居民可以派代表与工厂方面公开谈判,开诚布公地把污染程度以及安全范围等信息公开。而之所以屡次出现矛盾,问题就在于存在强制性的介入,一手包办隐瞒信息,到后面就算有权威专家出来科普真正的科学常识都没人信,差不多是说什么都没人信了。如果工厂与居民能谈妥,成功引进企业,增加地方财政收入且不说,更是解决当地就业的一项大好事。可以说,本是"三赢"的局面,被破坏了。

谈崩了怎么办？合作总不会永远顺利嘛。空气污染的程度界定起来比较复杂，但这说到底还是技术层面的事情。谈崩了工厂方面只好换个地方，相信我，若不是某些决策者的武断，谈成的概率很高，因为交易总是双赢的。这背后哪来什么文化冲突。会交易是人与动物的重要区别之一。套用《教父》里的一句台词：我将提供他无法拒绝的条件。

说什么人与自然的相处有一种什么样的文化，扎根在血液里。这种说法很诗意。每个地方都有每个地方的文化，这通常在地方习俗里表现得很明显，比如说敬酒，有的地方是先干为敬，有的是被敬酒一方干了才为敬。这些都是文化差异。文化差异一直都存在，但在污染这个问题上扯什么文化冲突就是最没文化的表现。

很多人回忆起自己的老家，总情不自禁地怀念那条河。以前是那么清澈，如今五颜六色。这个问题也不算太复杂，也就是如果河流产权属于某个村的集体资产，那么村民会想办法去保护这条河。

另外，就算这条河是属于某个村的，村民们如果觉得污染是发展必须付出的代价也没什么不可以。就好像很多耕地的消失，因为相比它的贫瘠，建房建厂经济效益更高。各地气候、土地规模以及肥沃程度各不相同,不是所有耕地都适合种庄稼。

有些人也许不知道,有很多地方不拒绝污染工厂进驻,不是他们喜欢被污染,而是出于背后的收益,不管是拆迁带来的还是工厂驻扎后的就业机会。不要觉得他们目光短浅,或者用自己的标准来衡量别人的心甘情愿。

最后我来翻译开头诗人那段话说的是什么意思吧。诗人说,就世界范围看,欧美很多发达国家都已经开始环保了,该迁徙的工厂都迁走了,如果有人还在学习工业文化学习人家已经抛弃了的东西,那么,在享受这些文明果实的时候不要忘了随时可能爆发的危机。

思维混乱,用通俗的语言表述也还是混乱。欧洲环保主义者造的孽都在非洲土地上开花结果了。比如欧洲的环保分子硬说转基因有问题,宁可让非洲人饿死。生物燃料更是低效到环保主义者们不吭声。说起来就得是一本《理性乐观派》。

如果你能理解污染不过是人类享受文明必须支付的成本,那么污染的问题没那么玄乎。集约化大生产的效率之高,反而空出许多大自然保护区,野生动物会多到不打猎都不行的地步。中国已经有些自然村完全"空壳化"了,到处长满野生植被,彻底自然了。而且,未来会更"大自然"。

有创造才有分配

被妖魔化的"贫富差距"

"贫富差距"这个词组一直以来总被渲染成一个颇为严重的社会问题。再顺着人们的嫉妒之火继续火上浇油,于是也就有了再分配的说法。

这里对财富有个误解,跟一些类比有关系。用大饼或者蛋糕来形容总的社会财富,有人拿得多,必然就有人拿得少。说资源或者财富总量不变,这当然与事实不符。一个农民通过自己的劳动种出粮食,这就是最基础的财富增长。每个能活下来的人一定是收入大于消耗的,不然人就死了。

自人类开始认识到自己可以拥有自由财产之后,社会财富就开始迸发。因为努力有回报,如果运气好,一夜暴富也不是梦。农奴时代之所以落后，奴隶是不会有动力的，他们只是被动执行，给任务就干，不看紧就偷懒，因为这辈子都不会有财富积累这件事。说到这，你可以顺便理解，某学者提出的"低人权优势"的说法是有问题的，要么错误理解了优势，要么错误理解了人权。给予私产的保护，给予人最大的自由度，包括城市间自由的流动，一定会让人这一最宝贵资源得到最合理的配置。

不考虑掠夺性的收入，一个人的收入越高，意味着他贡献的财富越大。乍一看不可思议。有人在工厂里累死累活一年只有可怜的那点收入，有的人动动嘴皮家财万贯。贡献靠什么衡量？市场回报来衡量。人们愿意掏钱听某人耍嘴皮，说明后者有能力满足他人的需求。工厂里的工人的劳动没有价值吗？当然有，他们的收入不高，只是因为能做同样事情的人太多了。这个工资，你不做，有的是人做。

苹果公司的现金储备是德国政府的四倍。这些钱是消费者用钞票投出来的。如果没有乔布斯和他的 iPhone，今天不会有这么好用的手机。这些了不起的企业家理应获得巨额财富。希望这样的富人多一些，他们越富有，说明他们为社会贡献了更好的商品和服务，社会中的普通大众也能享受到这些。

贫富差距是一个对比出来的概念，也可以说是相对贫困。

比起绝对贫困来，这算什么呢？汽车刚出来的时候，只有少数富人能享受到，手机刚出来的时候也是如此。那时候叫大哥大，奢侈品。而如今8亿中国人都有手机。尽管在账面上的个人收入差距很大，然而在实际的生活水平上，差距已经没以前那么大了。整体上是富者愈富，贫者脱贫。

百年前穷人和富人一眼便知，因为整个生活的配置差距太大了，是有和没有的区别。现在你看办公室里，从最底层员工到老总，外表上看起来都一样了，就算是日常吃的也都差不多，老板下班有司机接送，员工下班也可以打专车接送。

富人那么多钱干吗？有的做慈善，有的花天酒地。总之，他们的钱是要花出去的。现在中国很多富二代参与各种投资，其实已经是在做财富的重新分配工作。富二代出来投资就是最好的慈善。

很难让人觉得"贫富差距"是好事，主要是现有的很多贫富差距现象，其中的富靠的是权力的掠夺，而贫也多半是人身财产被侵蚀的结果。然而这又是另一件事了。混在一起的结果是，以公平的名义出手，搞再分配。这其中有人受益吗？当然有。但这是对公平最大的误会。

如果你也关心就业问题

———❋———

有个很知名的经济学理论叫"破窗理论"。大意是隔壁老王的窗户被淘气的小明打破，老王不得不更换玻璃，这样就让安装玻璃的人和生产玻璃的人都有活可干。一个叫凯恩斯的书呆子指出，小明打破玻璃的举动推动了社会就业！

你也许已经察觉出这其中的荒谬。如果玻璃没被打碎，重装玻璃的这笔钱，老王可以去消费其他产品，比如买条裤子，同样也让卖裤子的和生产布料的人有活可干。玻璃在，还多了条裤子。

再进一步想，如果这是可行的，是值得推广的，毁掉更多的东西岂不是让工作多得都干不过来？几乎是零失业率。那战争简直应该得到无限赞美。

目前各国政府解决就业问题的手法,并不比上面的例子高级多少。各国都流行的政府投资建设增加就业岗位,俗称政府主导刺激经济。然而是否需要投资,以及多大规模的投资,这个决策过程是草率的。

政府刺激经济,大搞投资解决就业,还有个无法避免的问题,就是错误投资。类似某地出现的"鬼城"就是刺激经济主导投资的结果。可以拿一大笔钱去沙漠建栋大厦,但下一步不可能逼人去那里工作生活。这里修一条步行街位置就是最好的?有这个必要吗?换个市长就把前任弄的步行街全挖了重来,搞个地下双层的。各地都这么弄,整出来的GDP也不难看,但这都是无意义的数据。

而利用公务人员的扩招扩编来解决就业问题也是同样的操作原理,包括公办学校里各种职位的增设都属于这一类。这种做法也必然导致权力的扩张,并伴随一个天然的后遗症,一个部门、一个岗位设立之后,要想撤销就很难了。比如,你很难相信在北京这样一个国际化大都市,公交车上居然还有售票员。

政府当然有能力切实解决就业问题,但不应该拿纳税人的钱去投资,刺激经济,或是增加体制内职位。除了减税,另一个措施就是解除更多领域的管制,允许民企进入更多的领域,公平竞争。立竿见影,直观有效。一个垄断国企背后,就是潜在的被拒之门外的无数民企以及其所带动的就业,且这是一个真正的有活力的生产创造。

  市场充分竞争的结果,必然是更好的商品和服务。试着想象一下,现在上网只有人民网和新华网可以浏览。或者年纪大点的人可以回忆一下,只有国有皮革厂的时代物质匮乏的程度。

  若单纯只是解决失业问题,让所有人都有工作可做,手段何其多。我伯父说过,他年轻时候的一个模具厂,十个工人,二十个行政,还能塞进一个领导的亲戚,啥都不会,光养着不太光彩,于是新开创工种:过磅数读员,也就是器件过磅(称重量)时,她仅负责读一下数(记录有专门的人)。这个小厂子还可以塞进更多人,无非就是把一个人可以完成的事情分十个人来完成。

  改革开放后中国飞速发展,人民生活水平提高,市场逐渐开放。简单说就是政府放权放手,破除计划经济下政府全方位主导的困境,给人们松绑,让市场去开拓更广阔的就业岗位。

没得选才最惨

容易忧伤的知识分子经常会感慨这是个物欲横流的时代，书店倒闭，不爱阅读的人精神世界早已贫瘠得令人不安。早就被遗忘的诗人仿佛听出了是自己人的呼声，也跟着悲痛，诗歌已死。

这种悲观的看法在互联网还没诞生之前就已经有了，悲观是人类的通病，给擅长贩卖忧虑的人搭建了绝佳的舞台。如今移动互联网兴起，人们的吃喝拉撒都不离手机，这些人都要急疯了。

平均而言，现代人的闲暇时间是要高于过去的。很简单，富了就不必太操劳。好逸恶劳是人性，这一点不必怀疑。在温饱都是问题的情况下，就不必指望人们会在精神世界上有什么建树。而过去，人们闲暇之余，翻来覆去就读那么几本书，几个耳熟能详的典故。有点文化的人之间的交流也逃不过这些共有的精神财富。那时的可选择面太狭窄，要是在生活地找不到理想的精神伴侣，只能在孤独中黯然自恋。

如今，如果对任何方面的知识心存疑惑，都有整个互联网的海量数据供你参考；找不到同好者交流的情况几乎绝迹，除非自绝于外界。

在知识水平上，现代人也是明显高于过去的人。现在一个高中生的物理化学知识要远高于几百年前有知识的人，日常生活的常识更不必说。由于如今可选择的满足自己精神世界的手段异常丰富，不囿于文字是非常自然的。

物质的背后满满全是精神，文字或者准确地说用文字表达思想只不过是其中一种形式。过去，一个手无军队却试图征战世界的人，或许唯一可选的手段就是在文字里意淫一番，如果他文字能力不足，那就惨了。现在，游戏世界里就能实现了，在电游里你可以当国王。

"物欲横流"的说法完全忽视了每一样被制造出来的商品都是人类精神世界的一种外部表现。

因为信息获取与互动的便捷而让人无法专注思考的说法，也十分可笑。快餐高效地解决了饮食问题之后，却要被冠以"垃圾食品"之名进行批判——肥胖全因食品太丰富。换一个"不说人话腔"，姑且称为"云知道腔"，会是这样：传播越来越发达，给予人的自由似乎越来越多，其实也让人所受奴役越深。翻译成大白话就是，选择太多让人无所适从，成了奴隶。

这种调调并不陌生，类似的说法有：农民怎么可能管好自己的土地，如果每个人都生10个孩子怎么办……骨子里全是蔑视他人的自负。隐含的意思是，来一个全能的神来帮他人决定怎么吃喝玩乐，怎么让精神世界丰富起来。

由于技术的飞速发展，人们的闲暇时间被更有效地利用起来成了可能。这才是事实。随身携带的手机可以让你在任何仅有的10分钟空余内看完一篇短文，完成一次线上辩论，玩一局游戏，随手记下自己的感想（可能就是一首诗歌）。这样一种进步，与仍选择书房里专注某方面的知识完全不冲突。

爱读书的去读书，爱游戏的去游戏，多出的可能并不剥夺原有的选项，没得选才最惨。

出租车行业一点也不特殊

当聊到出租车问题的时候,如果直截了当地回答,放开牌照管制,问题就能解决,得到的将是一大串的嘲讽。即使是资深的出租车问题研究专家也会认为这太过激进,应该设定年限来逐步开放。而其中一些人更是对放开之后管理的问题表示出极大的担忧:如何来监管个体户?他们眼里的个体经营的出租车太过特殊,很难识别,风险太大,建议放开牌照也必须有一些具体的监管措施,比如禁止个体经营,必须有一定车辆规模的公司才有资格,必须得有个资格考试来筛选,等等。

牌照的问题在许多行业都有,一种特许经营。从事出租车司机这个职业,刚开始真正的门槛在于自身的条件。一定数量的牌照，规定有驾龄有车均可免费申请。20世纪90年代初，一辆夏利也得7万块钱，这在当时，从业门槛算高的。那时打车的人不多，司机收入并不高，牌照也就没那么了不起。天津市当初的2万块牌照发了很久才发完。

从政府宣布停止再发放牌照开始，也就开启了牌照管制时代。从此打车问题层出不穷。与所有行政垄断的行业类似，有能力把出租车这个行业做好的人被拒之门外。是，牌照是可以过户交易，但总的出租车数量无法再增加。在打车需求与日俱增的情况下，挑活、拒载、看天气看心情出车等糟糕服务是必然会出现的。牌照也变得相当值钱。

2011年天津市政府宣布增发1万张牌照。消息一出，牌照的交易价暴跌十几万。拥有牌照的车主们自然是不会答应，立即上街罢运。最后出于维稳考虑，不得不停止。可以想象，如果宣布放开牌照管制，无限量，会是什么样一种局面。因此，有专家建议，给个年限逐步放开。这里不宜揣测专家的动机，但这种说法的确是大错特错，并且不是什么智慧，除非所有人一致认同侵犯他人财产权的做法叫智慧。

一个想开出租车谋生的人因弄不到牌照而被禁止，执意要做，那就是非法的黑车。同时，市民本来可以享受到的更多更好的出租车服务也因此被阻断。牌照管制损害了拥有牌照者以外的所有人的利益，这是整件事经常被忽视的一面。

如果说有什么政治智慧的话，也应该是像当年撒切尔夫人对闹事的英国工会那样强硬。且不说当初牌照是免费发放的，就算当初是花钱买的，如今就是贬值了，没任何正当的理由撒娇闹事。放开牌照管制，没有侵犯到任何一个出租车司机的利益。贬值不是理由。天津2万出租车司机加上他们的家人朋友，能有几万人？没道理会叫的狗就伤得重。这些司机在面对其他东西贬值的时候怎么不去抗议维权？因为他们知道政府必须出面安抚他们。这都是有预期的。

而对牌照放开之后的出租车市场的担忧更是无稽之谈。出租车行业是特殊，不像去一个店吃饭，识别难度大，很容易混乱，监管成本高昂……这些声音里的每个字都是直觉。个体制好还是公司制好，消费者会知道，无需任何人去操心和担忧。提出应该禁止何种形式都是一种僭越。个体出租车辨识度差，没有品牌，那么信誉度好的出租车大品牌就会胜出，这是市场竞争的结果，个体经营者想在竞争中胜出就很难，必须有类似增值服务的亮点。

所谓放开就乱，是无稽之谈，打车的人不会拿自己的命开玩笑。至于说必须培训上岗，必须交足交强险上岗，企业考虑得会比所有人都周全，商家挖空心思做好服务是市场最美好的地方。个体制也不例外，个体司机必须想办法让自己这辆车的识别度、美誉度变高。具体的办法，不是你我或者哪个时评家一张嘴就能说透的。

要说那些出租车司机犯罪现象，现在谁要发疯开车往行人堆猛踩一脚油门，也能撞死不少人，跟放开与否有何关系？所有那些奇奇怪怪的丑恶现象，全都不是放开带来的问题。相反，因为管制导致非法的黑车才更容易出事，交易不受保护，而且法律上还得不到赔偿。

可以试着去比较一下那些不怎么受管制的行业，有大品牌也有精致的小作坊。一个开放的行业要如何经营好，本就是在摸索的过程，应该是参与其中的商人更专业。消费者都不是无知的人，就像通常你不敢喝一个山寨品牌的饮料一样。

即使说得如此清楚，相信还会有这样的声音：现实是复杂的，不要这么书生气；生活是复杂的，不要这么理论化……即使我坐过的黑车比一些人见过的出租车还多，在这些理由面前，也显得很无力。我还能说什么呢？

补记：这篇文章写于滴滴打车等网约车诞生之前。如今有了滴滴之后，再看我上面的论述，你就知道，几乎是对的。

从专车的出现更好理解交易行为

有件事很有意思,之前政府打击黑车的时候,不说为此叫好,至少多数人是认可这种治理的。"黑车"违法嘛。可事实上,专车除了技术上解决了叫车和支付的便利性之外,本质上跟以往的"黑车"并无两样。如今政府打击专车,舆论上,至少网络上是一边倒,支持专车的。好像一夜之间人们的观念发生了重大的转变。

这是个很有趣的现象。

所谓的"黑车",说得糙一点就是没有特许经营牌照的运营车辆。当几家专车企业用上亿的投资来取悦消费者之后,人们发现了打车这一行为本来应该有的简单流程。打车,有更好的车来满足你，并且还更便宜。只要思维正常，都能立刻明白打车这项交易原来就是这么简单。

但同样是这群人里的大多数，在理解其他方面的交易时，却又表现得像个"智障者"。

把时间调回专车出现的几年前，如果你说出租车行政垄断，理应放开。那么得到的回答，常见的有：放开？说得轻巧，放开之后市场岂不是乱了？谁来保证消费者的权益？还有，你口口声声说垄断无耻，你出门不也打出租车吗？虚伪。

以上的论调不只是针对出租车这一领域。面对行政垄断的行业，比如通信、石油、水煤电、教育和医疗，都会有一帮人跟你着急，冷嘲热讽。而如今回头看，伟大的技术以及正常人应有的理念，让打车这种交易变得异常清晰，以至于人们可能完全忘记他们曾经如何看待出租车垄断这件事的。

专车的出现更重大的意义，可能在于如果人们有能力就这件事举一反三地看待其他领域的垄断，就能更正常地理解一切自愿交易行为。还有，不会再提出类似这些问题，你不也用移动联通电信吗？有种你别用中石油啊，有种你自己发电去。根本的原因是，人们没得选。

市场的魔力不在于任何一个人可以预测出什么样的商品和

服务能够出现，而是自由的竞争环境，能最大限度发挥企业家精神，从而让所有人都能享受到更好的商品和服务，甚至是想都没想过的，而这一切不是哪个人站在顶端规划出来的。

我原本以为人们可以从出租车时代到网约车时代的变换中举一反三，理解自由市场的美妙，然而多数人并不关心这些。打不到车依然骂网约车，价格上涨了骂垄断，要求有关部门整顿网约车。只能说，好观念与人也是看缘分的。

人为什么不想生了？

携程的创始人梁建章老师多年来一直关心中国人口问题，是"反计生"的响亮声音之一。如今即便是知识分子和媒体人也不会公开支持计划生育政策了，即便他们内心是犹豫的。

然而为什么反计生？追问反计生的出发点，反计生背后的原因之重要性，我认为并不是吹毛求疵。

若不是为了能更好地为人们所理解，反对计生这件事多说一句都显得滑稽，这就好像除非讨论更细致的权利来源之类的更抽象问题，否则长篇大论说"我们反对杀人强奸"是可笑的。也就是说，反对计生，一个理由就够，生不生是个人的基本权利。

但显然反对意见并不是从这一点出发的,而是从结果看人口问题。盯住的是最终的人口,准确地讲,是健康的人口比例。所以,趁热打铁,呼吁国家至少要用GDP的2%~5%来补贴和奖励生育。至于为什么是2%~5%,恐怕也是"掐指一算"。

人口老龄化已经是不可逆的事实,除非社会出现不可知的巨变,哪怕是统计局这种机构都能对未来人口比例有个大概的结论。这是计生的一个必然后果,无法修复的后果。但人们也能明显感觉到,如今就算彻底放开生育,人们的生育意愿也很低,这也是反对者们忧心忡忡的地方。

纯粹为了提高生育率的措施,鼓励生育能不能达到效果呢?我不知道。虽然并不反感鼓励生育政策,但我认为或许更好的政策不是财政的补贴,而是有更好的办法。

人为什么不想生了?

在城市化之前的中国,90%的人生活在农村,经济条件远不如现在,但从来没有过"生孩子的意愿"这种问题存在。农村人恐怕更不可能操心孩子的读书问题。此处并非赞美过去比现在好,也不是说农村人不重视教育,而是当时家家户户就是这样,没有别的选项。那是一个熟人社区,每个孩子都可以放心放养,随便串门,村里瞎逛,几乎不存在被拐卖的危险,这就大大减轻了看护孩子的成本,包括你我在内的很多人都是这么长大的。

为什么以前人更贫穷更落后却从来不担心养不起孩子?现在经济发展如此迅猛,尽管不是平均分摊到每个人头上,但多数国人的生活水平有了可感知的提高,却越来越不想生了。

过去几十年是中国的快速发展同时也是飞速城市化的过程。一个又一个大城市不可阻挡地出现,人们即便不都是往一线城市跑,也在不断地力所能及往二三线城市聚拢,这背后的动力就是,聚集效应带来的规模化大大降低了成本,提高了效率,但城市化也催生了一个个"陌生人社会"。很多人都需要重新建立关系网,这是迷人的,也充满不安全感。是商业网络联结起陌生人之间的衣食住行。我们出门吃饭不必担心被不认识的饭店老板毒死,而在以往的国营饭店就餐你可能要担心被服务员大骂。

人们赚得更多,吃穿更好,却唯独生育这件事变得非常可怕,以至于彻底断了念头。养孩子,什么地方花费最多?房子?如果不是特别讲究,暂时租房子不是问题。奶粉尿布?显然也不是,这花不了几个钱,而且有很多价位的商品供选择。最大头的支出是教育、看护、医疗的成本。有孩子的家庭被房价、教育、医疗等压得喘不过气来，犹豫要不要的人，被吓得干脆先回避这个问题。

城市化，聚集了人口，提高了效率，增加了收入，却唯独育儿越来越难。按道理这么多人聚集，自然有巨大的需求，这是个让资本笑出声来的市场才对，一切城市化带来的好处在这里怎么就失效了？因为，这仅仅是个理论上的大市场而已，实际情况是，处处受到管制和干预。也就是说，教育、医疗等领域的发展程度严重滞后于城市化进程。当然，其中不得不提的高房价也是如此。为何滞后？一句话，供给被掐死了。

如果你有机会去昂贵的私立医院走一趟就知道，原来医院环境可以做到一尘不染，医生的态度可以好到你怀疑是不是进了片场。而稍微思考你突然可能明白了，这些硬件设施，根本不至于昂贵到生一个孩子要5万块钱。暂且仅说硬件环境，本应该让很多人享受到，在他们能承受的价格之内。至少针对各种收入层次的人群的医院（或者一些诊所）应大量存在，而不是像现在这样，要么为了医生2分钟的诊断排一上午的队，要么花大钱去私人高端医院。

在市场上，没有什么商品和服务是特殊的。如果某种日常生活必需的商品和服务出现不可思议的难,上学难,看病难,一定是供给被掐死造成的。至于那些动不动说"医疗资源稀缺""教育资源稀缺",没办法的人,变成了复读机,因为不需要聪明的头脑都能想到,这些资源的稀缺不是天然的稀缺,是人为的稀缺。

值得反复强调的是,没有人说过市场化是万灵药,也不会有任何人站出来说市场化一定能满足所有人的需求,更不会有人说这个过程不会出现欺诈和低劣商品服务等现象。但市场化可能是现存的最合理的解决方案。人们对安全感的极度渴求导致了对不确定性的恐惧,加上各种所谓"民营××出事"的新闻来个几轮,很容易就只看到不好的地方。但我却认为,自由市场最美妙的地方,恰恰是那些当下的人们根本想不到的商业模式和创新产品在竞争中出现。

不只是针对教育和医疗行业,更多的全方位地减少管制和干预,还能创造更多的就业,而且这种就业不是政策硬给安排出来的,不是一个工厂 8 000 员工、2 000 个保安的那种就业。我相信,如果在医疗和教育市场有进一步的改革,将会进一步激发民间经济活力,人们在养育孩子这件事上的经济恐惧会少很多。

生育这件事的根本所在

政府补贴和奖励生育，也是对不生育的纳税人的不公平做法。还会有很难避免的情况，人们为了获取补贴的弄虚作假，或者干脆就是仅仅为了补贴而生育，至于钱花在哪里不得而知。

前面说了，我不反感鼓励生育，但鼓励生育政策的出发点是人们的负担太重了，这也是事实。而解决这个问题，减少各种领域的管制和干预显然要比财政补贴更合理。

重复一遍，政策上给尚处管制和干预状态的领域松绑，是最好的生育鼓励！

但最终需要明白的是，生育本就应该是个人的基本权利，包括不生。提倡也好，减少管制减轻人们的养育压力也罢，不生也是最基本的自由。

为什么要揪着这一点不放？实际上以"健康人口比例"这种角度论述生育问题是很危险的。这时候人不再是人，而是某种工具，觉得人多了，强制不生；觉得人少了，强制生。

所以，谈论生育问题，最根本的观念是，生育是人的基本权利，生几个或者不生，都是自由。极端点说吧，如果全世界人民都不想生了呢，那就一起把地球留给大自然吧。

最后的鸡汤时间

我预感未来我身边会有更多的朋友们加入丁克一族。当然，尊重每个朋友的生活方式，这是不用强调的。所以下面要说的是个人偏见，也许是我年纪大了，开始会想一些老了之后的生活，我就想，人一天天变老，真到了六七十岁，也许钱积累得够用了，但欲望很低，世界依然围绕着年轻人在聒噪地营销……我想说的是，在生活方式上，普通人随大流或许是比较稳妥的选择吧。是的，我保守了。

以上言论不构成对生育的鼓励或建议。

减税，藏富于民

以前我以为，减税这种事应该是闭着眼睛都会得到支持的，国内外都应该是这样的才对。后来发现，是自己完全高估了人们的认知能力，也低估了一些"小棉袄"的油腻程度。

在绝对数字上，有钱人通常缴更多税。减税会被很多人认为只不过是利于有钱人的政策而已，跟自己几乎是没有关系的。这时候，有些人就会出来说一些"不明觉厉"的话，诸如"要从整体的科学的角度看财政收入""要知道，税收在调节贫富差距上的巨大作用""极端点说，如果没有政府对诸多公共领域的投入，低收入人群的生活不可想象"……

这种言论实在太多，各种头衔的经济学者都试图从"大局"

角度表达自己的智慧和良知。因为这种说法很容易讨好庞大的低收入人群。一些有影响力的群体影响了一大群低收入人群加入了他们。人多势众，政客们只能投其所好，重税高福利。这是过去老牌资本主义国家迅速衰败的重要原因。

大白话就是，有钱人就必须拿出更多钱来，政府来分配，来平衡收入上的差距。那么多人吃不饱穿不暖没学上看不起病，教育医疗这种公共福利必须有强大的国家财政收入来维持。

减税，只不过是便宜了富人，对穷人又有什么帮助呢？所以，很多人对减税是不以为然的，也就变得可以理解。如果一股脑儿为减税叫好，会被认为是一种简单思维的表现。

藏富于民有利于每一个人

低收入人群较为庞大，他们渴望好政策。好吃懒做是天性，简单说，人们渴望各种诱人的福利。再说了，取之于民用之于民，有钱人就得承担更高的税负。这是政府的最重要职能，可以从感情上理解这种人性。但遗憾的是，这样下去只会一起走向崩溃，即便过程中有那么短暂的免费蜜糖。

首先，富裕的人积累起巨大财富，一定是他们在市场上做对了什么，不偷不抢的财富所得，一定是市场应有的奖励。我们每个人今天都在用这些彻底颠覆了我们生活的微信和淘宝，马化腾和马云有钱，是应该的。这些有钱人的钱一般来说有两个去处，要么消费，要么投资。

消费，根本不需要政策层面的"刺激消费"，有谁不会花钱吗，还需要刺激？投资，是有风险的，投资是开拓创新和扩大生产，一定是在积极层面上改善了这个社会。投资失败的概率很高，即便失败也是人家自己承担。可以说，投资是最大的慈善。

如果你还理解不了，可以这么想，你觉得一个低收入的人是在富人区里打工更有机会赚到钱，还是在跟自己一样穷困潦倒的人群中更有机会？

减税，让富裕的人更有作为，也让民间的经济更有活力，让生活中的每个人都获益，这个道理实在是很简单。但是，一想到那些低收入人群没人照顾这件事，有些人还是有点恐惧：有钱人都是势利眼，都是吝啬鬼，他们怎么会在乎穷人呢？

富人的冷漠和权力的热情

鉴于上面说的那些，富人已经做得够多的，帮助解决了就业，竞争让各种商品和服务的性价比有了质的飞跃。这些年来，除了医疗、教育、房地产这三个不那么市场化的领域，每个人都是可以感知到的。这是市场带来的，也正是在市场上取得的成功，成就了一大批富裕者。

然而即便如此，富裕的人依然会不停地做慈善。一来财富的增长在边际效用上对他们而言是递减的，没什么感觉了。这是经济学规律，也是人性的规律。而相反，做慈善带来的荣誉感也好，成就感也好，都远大于不做慈善。何况，任何一家企业都不会错过利用慈善给自己的品牌增加美誉度这样的行为。这不仅仅是逻辑，也是经验，鲜活的例子数不胜数。

再高效的扶贫也挡不住权力的膨胀甚至从中滋生的腐败。这不仅仅是逻辑，也是经验，鲜活的例子数不胜数。

税的包装需要各种动人的理由

在尚未开发的税种里，房产税和遗产税的呼声较高。欧美发达国家都有，这显然是合理的，虽然也没细想，但一定有它的道理！国内的专家会说，房产税对抑制房价是有积极作用的。仅这么一个结论就可以让一大群人兴奋，好像有了房产税之后，他们就可以更容易地买到房。

房产税只会打击供给，可以给出各种组合拳，导致整个市场冰冻,结果是房源稀少,房租只会更贵。这里面的逻辑就不再一一推理了,因为房产税的推出不是单纯的收一笔钱那么简单,随之而来的,往往是一堆的限制。想控制任何东西的价格都很容易,条件苛刻地近乎没有交易不就好了吗,没有交易也就没有价格。人们的生活变得更好了吗?

遗产税也有意思。很多人,嘿嘿一笑,主动点赞,怎么也轮不到自己头上,这种调节是非常有必要的,祖上继承的财富必须给抹平了。想得非常美,好像这笔钱就真的会用到自己头上。参考上面说的,你是相信富人还是相信权力?

近年来"海淘"让人们深刻体验到的"没有关税"给自己的生活带来的巨大改善。大家都习惯了"海淘""代购"又或者免税店狂买,为啥啊?因为便宜啊。为啥啊?因为没有关税或者很少的税。所以,这时候你通常不会一味地支持关税了。因为你有切身的体验。除非,一个人在免税店买东西的时候是带着负罪感的。但我想,你应该不是这样的"精神病患者"。

那些擅长八卦的聪明的"小棉袄"们

有一些人,他们会给你讲很多历史上的税改情况,以及当下的国情。他们会生动地讲述当年政府在税这一点上是如何讨价还价的，当年的中央财政是如何紧张以至于还得跟地方要钱……里面有人物有故事，非常精彩。简单说，他们想通过自己渊博的财政史知识和成熟的政治智慧，嬉笑怒骂间告诉你：还呼吁减税，天真得有些可爱！

这些人说的都是实情，都是长期积累下来的利益方面的盘根错节。也就是说，阻力非常大。但是这种洋洋自得的聪明劲儿，在我看来就是一种"贴心小棉袄"行为。他们当然是无意识的，无意识地在字里行间合理化了改革过程中存在的阻力。多数人看完这种"小棉袄"写的东西，甚至会觉得，减税怎么可能，你得考虑现实情况啊。

这些人讲故事能力不错，擅长八卦，绘声绘色，内外的史料都能被挖出来，永远是内部人士看透一切的嘴脸。要知道，如果回顾改革开放这些年的进步，当年也有不少"小棉袄"带着一副过来人的嘴脸，用他们掌握的情报告诉人们各种不可能。

每一个时代都会有这样的智者。但愿你们在阅读相关文章的时候，能够更敏感察觉那其中的一种油腻。

最后，不管现实是什么样的，各方利益如何交错，阻力多困难，每个人都需要明白，并且假设只允许明白一条生活常识，那就是：减税一定是好的，力度越大越好。

"996"不是谁规定的，是大家抢破头竞争出来的

先记住一句话，雇主和雇主竞争，雇员和雇员竞争。雇主和雇员之间并无矛盾。而"996"并不是谁规定的，恰恰是每个求职者自己抢破头竞争出来的结果。

几十年前，刚刚改革开放，户籍制度虽在，但人们终于可以去大城市打工了，大量的劳动者，有限的岗位。那时候，能给个活就行，能赚钱，啥都干。这就是雇员之间的竞争。

互联网行业也好，其他行业也好，都是同一个道理。有些人说，你以为跳槽有用？跳槽去其他公司还是"996"，整个行业都这样。那行，那只好换个行业，换个没有"996"的行业，有的是。

我之前打车时跟一个滴滴司机闲聊，他说自己出来跑滴滴后就没吃过一次像样的饭，我问：为啥呢？他说：没时间啊！接着他又说：开滴滴之后才知道赚钱真辛苦啊。我很好奇地问他：那你以前是做什么的？他说：我以前国企员工啊，这么说吧，我就没吃过苦。我就更奇怪了：那你干嘛来开滴滴啊，补贴家用吗？他说：女儿长大了，国企工资太低了，虽然有那么些油水，可还是不够，一个月三四千完全不够啊！我问：所以你觉得开滴滴虽然辛苦但还是赚更多是吧。他说：那可不是，但就是太累了。

之前还遇到滴滴司机说自己不想去工厂上班，因为他不喜欢坐班，就喜欢开车四处逛，虽然工作时间也非常长，一天除了开车就是开车，但还是更自由。你看，这就是人的选择，他不会抱怨，至少他还有得选。

那么"996"又是怎么来的？就是大家明知道会有各种情况的加班加点，甚至不只是"996"，还是依然选择了这份工作。哪怕一开始不太清楚，干着干着突然发现自己完全受不了"996"，那么任何一个老板也没有欠你，你要不喜欢可以走。铁一般的事实表明，很多人根本不舍得走，因为外面大把大把的人根本不介意"996"，等着抢这份工作呢。这就是竞争的结果。

都因为"996"哭成一片了还有这么多人干，只能说明这份工作依然诱人。否则人早就往其他行业涌了。

还有人说，每日工作时长必须写到合同里，不能被肆意压榨。从实操层面来讲，国家甚至可以规定任何行业的工作时间都不得超过4个小时，每周工作4天。能做到吧？能。如果觉得不够，还可以规定一天最多工作一个小时，每周工作一天。全国人民因此就过上了幸福生活？

出台法律强制执行每个人的上班时间了，紧接着大概就是大面积的失业。雇主和雇员本就是自由交易关系，"996"就是竞争的结果，这就跟一件商品的价格是市场竞争的结果是一样的。

把问题放在一个极端的情境里思考，为了表明一个方向，如果呼吁禁止"996"，是对雇主和雇员之间自由交易的破坏。对双方而言，说到底是投入和产出的算计，成群的程序员企图涌入这个行业，因为收入高嘛。但是竞争激烈，但限定了不许"996"，公司效益必受影响，随之而来的是整个行业的效率下降，人人都会受损，除个别极其优秀的人才之外，多数人能有份工作就谢天谢地了，别想着什么高薪，人为阻挡了正常竞争者的涌入，必然使得整个程序员职业的不景气，除非一个程序员觉得自己是不可替代的人，那行，走到哪儿都有饭吃。我表示怀疑。

还有人动不动就举例欧洲，说人家生活多好，生活富足，工作清闲。那是人家积累足够久了。也就100年前，英国大量的小孩不是去工厂就是进矿井，为什么啊？太残忍了对不对？因为当年的英国太穷了。现在英国为什么没有童工下矿井，真的是因为人们突然意识到了这很不应该？又或者是儿童权益运动的崛起？社会的关注是有，但核心是经济发展了。整个社会就是这么运转的，一切问题的起因，归根到底还是不够富有。这是无法回避的现状。

程序员职业的不景气，当然可能带来行业的不景气，再往大里推，也就影响了经济，结果就是经济增长的放缓。

马云最近也谈了"996"，他是这么说的：我个人认为，能做"996"是一种巨大的福气，很多公司、很多人想"996"都没有机会。如果你年轻的时候不"996"，你什么时候可以"996"？你一辈子没有"996"，你觉得你就很骄傲了？这个世界上，我们每一个人都希望成功，都希望美好生活，都希望被尊重，我请问大家，你不付出超越别人的努力和时间，你怎么能够实现你想要的成功……你去想一下没有工作的人，你去想一下公司明天可能要关门的人，你去想想下一个季度公司的 revenue 在哪里都还不知道的人，你去想想你做了很多努力的程序根本没有人用的人……

当然，有些人会说：为什么我们要那么追赶呢？我觉得我们就应该慢下来，安静享受慢生活。

可想想全世界人民都在说中国改革开放创造的奇迹，物质极大丰富，人民生活水平的提高，这些是怎么来的？是过去几十年中国人奋斗出来的。相比过去，现在多数人的工作其实要轻松太多了，"996"放在30年前根本就不是事，再跟工厂里打工的人一比，就更别说薪资待遇上的差距了。

至于"996"是否高效，从长远看是否有利于员工的情绪和公司的效益，那就是另一个话题了。

还有人说：人家只是抱怨难道不行吗？当然可以，那是每个人的自由。

又要高工资，又得满足自己对工作时间的要求，可有点想得太美了。好吧，我就不说什么了，你们觉得用什么形容词贴切就用什么吧。

如果养老金结余耗尽,怎么办?

2019年4月10日,中国社科院世界社保研究中心发布《中国养老金精算报告2019—2050》(下称"报告")。报告显示,在企业缴费率为16%的基准情境下,全国城镇企业职工基本养老保险基金将在2028年出现当期赤字,并于2035年出现累计结余耗尽的情况。

具体来看,2019年当期结余总额为1 062.9亿元,短暂地增长到2022年,然后从2023年便开始下降,到2028年当期结余首次出现负数-1 181.3亿元,最终到2050年,当期结余下滑到-11.28万亿元。

最近户籍制度在做些改革,简单说,除了京沪深这些千万人口超级大城市,很多大城市开始逐步放宽落户限制,有十几个百万人口级别的城市,基本上去了就给落户。

地方抢人是不可避免的趋势。什么是趋势?人往高处走,水往低处流,哪里人多钱多哪里就有未来。这些都是趋势,谁也挡不住。有些人有幻觉,看到某些新闻就忽略了趋势。信与不信,观念影响人的选择,如何行动可能改变人的一生。

老龄化的必然加上人口聚集带来的规模效益,早就注定了人口流动的大方向。至于每个人应该怎么选,那是每个人自己的事,但规律就是规律。

养老的问题我曾简单粗暴地说过好几次,翻来覆去就一句话,希望通过社保来养老是非常天真的想法。所以社科院出的这个报告,结果一点也不意外,只是一个时间点的问题,加之人口结构的变化,问题只会越来越早呈现。那么作为一个普通老百姓,怎么规划晚年呢?那就是,当作从来没有交过社保,趁年轻的时候多赚钱多积累,最好还有能力一直干到老。

退一万步,即便一个人老了之后依靠年轻时缴纳的社保养老,难道在年轻的时候多赚钱,就冲突了吗?

延迟退休也经常被提到,无非拖延发放养老金。每次出来延迟退休的新闻总会被围观嘲讽。我个人觉得市场上的人不存在退休时间。大量的农民有所谓的退休时间吗？并没有。如果一个作家70岁了还很高产，笔耕不辍，你能说他已经退休了吗？如果一个生意人在80岁的时候还在忙碌，你觉得他会在什么时候退休，又或者选择什么时候退休？没有一个标准年龄。

多数人是不存在法定标准的退休年龄的，但人在老了之后不如年轻的时候能赚也是事实，甚至中年失业而不得不想办法转行谋生。

所以，问题不在于怎么办，而在于先认清真相，提前为老了之后做准备，保证自己老了之后也能有不错的收入。具体干什么，这显然不是我应该回答的，毕竟有那么多职业。但方向就是如此。你需要做的，不过是一份耐心，日复一日的行动。

产权是文明的基石之一

为什么不可能存在猫狗权

由于近年来萌狗萌猫遍布网络，想到有人居然喜欢吃狗肉，确实是挺残忍的一件事。互联网上也早已形成了一股"猫狗势力"，俗称"猫狗党"。他们的壮举是多次拦车救狗，这件事引起了很大争论，呼吁立法禁止吃狗肉的声音不绝于耳。

从中可知，猫狗在不少人心目中的地位是特殊的，有别于其他动物，否则更准确的呼吁应该是，立法禁止吃肉。不排除有极端素食主义者建言过，只是无人搭理罢了。但细想想，对动物的爱，极端素食主义者至少无偏差对待所有动物，博爱而纯粹。

不说太久远的记忆，今天很多贫困地区养狗都是为了狗身上的肉，那可能是饭桌上级别最高的美食，只在宴客或过节食用。这些农村人就不懂得欣赏猫狗的萌？说到底是穷。乐观长远地看，随着经济的发展，生活水平的提高，一个可预见的趋势是，绝大多数人都不忍再吃猫狗。因为猫狗在"萌"方面的价值更大。但这依然不能说明立法禁止吃猫狗是合理的。

另外，一定存在一些人群认为狗肉才是美食，同时他们还可能认为吃猪牛羊才是残忍的事情。如果法律承认了所谓的"狗权"，随之而来的就是猪、牛、羊、鸡、鸭、鱼等各种权利也不能说是无稽之谈。那么，人类的唯一出路就是迁出地球，让大自然真的"大自然"。

猫狗党或许会这样反驳："猫狗成为宠物主流基本是大势所趋，尊重猫狗权利是文明社会的标志，很难想象一个文明的社会有人吃猫狗。"——"猫狗权"是始终绕不开的。动物权可能有点大，依猫狗党之见，且先让猫狗取得权利，其他动物以后再说。正因此，猫狗党觉得拦车救狗乃正义之举。猫狗一旦被声称有了权利，不管是谁家的狗都不能随意虐待屠杀，已经不单纯归属私人财产范畴了。就好像一个人绝不能肆意虐待自己的孩子一样，被监护人不等于私人财产。

想象一下猫狗拥有权利的社会，猫狗的主人相当于监护人，因此要是猫狗伤了他人，监护人是要担责的。这一点无异议，可是那些流浪狗伤人怎么处理？所谓立法保护猫狗如果仅是针对非流浪狗，不仅不符合逻辑，猫狗党的爱心都不答应吧。被流浪狗所伤之人又当如何索取合理赔偿？流浪狗又该接受何等程度的惩罚？流浪狗如何为自己辩护？以上这些疑问都是"赋予动物权利"无法回避的现实问题。

爱护动物当然值得赞美，相信这也是经济发展、物质极大丰富之后的必然结果。因为一个食物充足的世界，猫狗等动物的食物功能已经不那么必需了，取而代之的是它们的卖萌给人类带来的快乐。就猫狗党最担忧的残害屠杀猫狗事件，谁也没信心保证再也不会发生，但相比立法禁止食猫狗以及赋予其权利等荒谬手段，舆论的压力足以规范大部分动物虐待狂们的行为。毕竟少有人喜欢被冠以残暴粗野之名号。

谈谈代孕问题

最近代孕话题被媒体提起，舆论炸锅了。

世界上绝大多数国家所能允许的就是志愿代孕，代孕母亲基本上属于无偿的行为……加强伦理监督和技术监管，适当放开代孕……代孕要有"刹车"，不能任意行驶。要把代孕技术放在一个特定的笼子里关着，但这个笼子不能太松，"牛栏关猫"是不行的。

说了跟没说差不多。但这种局面就会跟器官移植一样，捐赠可以，买卖就不行。无偿光荣，收钱有罪。借"伦理"之名，行使干预之实。这种"全面思考的中庸之道"总是各路专家的惯用套路。

民间的反对声音，多以女性为主。接受过高等教育的女性们觉得，要是放开代孕，女性就真成为生育工具了，完全不顾每个人的身体自己做主这件事。反对者们的声音基本跟当初支持计划生育政策的理由类似：女人会被家里人怂恿或者强迫去做代孕赚钱，女人的命运将会更加悲惨，等等。这其中的核心原则就一条，强迫他人做任何事都是不对的。如果你活在一个逼你生十个孩子的家庭，你完全可以反抗，因为你受到了侵犯，来自亲人的侵犯也是侵犯。

如果你很不幸嫁到一个逼迫你不停生育的家庭，那是你嫁错人了，嫁给了一家子奇葩，跟"女性是不是因此沦为了生育工具"一点关系也没有。这就好比你去了一家周末要求加班的公司，你懦弱无能舍不得这份工作，但你气不过，希望政府出台法律要求周末不许加班。人家愿意加班关你什么事呢？

代孕的需求一直都有，法律禁止的结果并不会彻底抹掉需求，而是转入地下交易。地下交易的安全、卫生等问题也相伴而来，新闻再曝出相关的丑恶内容，顺势批判一通，好像是交易本身的问题，而不是"因为禁止带来的恶果"。

现在还有多少人将卖血卖肾带来的恶果归咎于交易本身呢？太多了。而真正的罪魁祸首此刻正指挥其他的恶犬们充当起了正义使者。

据说如今黑市里代孕的价格是 50 万美元,美国的市场价是 100 万美元。如果中国放开市场,代孕价格目前其实是不知道的,视供需情况而定,但我猜可能不会有 100 万美元那么贵。

开放器官交易不意味着人们都跑去割肾了,代孕市场化也不意味着女人们就沦为了生育机器。也许很多愚昧之地,有各种父母的胁迫,但这件事本身就是犯罪行为。一个成年人,不能看着自己的权利被侵犯而求助于权力来限制所有人。

就回答一个问题:双方达成共识,自愿完成代孕交易,一个出钱,一个给生,伤害到谁了?说到底,更宽松和自由的环境总是好事,至于要不要去这么干,你的身体,你自己说了算。

有的选择就是歧视

不带感情色彩地说，有的选择就是歧视。话说到这里也就结束了。但这个话题，还是很值得展开一下。

一个投资人在公开场合说他不投女 CEO。这话有什么问题？

任何人都有自己的偏好，这位投资人可能有自认为较为高效的选择，但这句话对女性群体是一种伤害。所以，被骂也是活该。

首先要知道，歧视，或者说公开宣扬某种歧视当然是他的权利，声张自己的偏好罢了。而被群起攻之也是他"声张"的代价。

说鲁莽也好，没教养也罢，但不能因此否认这是某人的权利。这一点其实没必要重申。只是，不少女权主义者认为这不是一项权利。那问题就大了。

你找工作的时候挑公司，公司招聘的时候也严格筛选。一样的。

有些工作男性更适合，比如搬砖。有些工作女性更适合，比如前台接待。这些例子不胜枚举。若为避免歧视，任何工作招聘都不应该有要求，一有要求就必然是对不符合要求的群体的歧视，涉及年龄、性别、身高、文凭，甚至外貌等。

而不要求的结果是虚伪的，也不太现实，很少见到什么招聘写着：无任何限制，是人就行。但看当下这种动不动就觉得被歧视的趋势，这类招聘很可能出现。

一个社会如果形成一种"女性就是天生缺陷"思潮，对女性来说是不友好的。舆论的问题就应该用舆论解决。一个缺乏修养的投资人公开说不投女 CEO，要抓起来吗？不应该。但愤怒的女性朋友们可以尽情地辱骂他，如果事情足够大，他本人和所在的公司也会名誉受损。

人们可以不说了，让人闭嘴非常容易。甚至让任何企业招聘信息不得有任何要求也不难。你挡不住人脑子里的认知和他的实际行动。彬彬有礼多简单，微笑即可，如果不够，持续微笑。

歧视怎么来的？每天那么多信息，每一秒钟都在做无数个判断，如果什么都静下心来分析，大脑必然做不到。偏见和歧视是一种针对大环境的快速有效的无意识判断。

然而每个人身边都有来自被歧视群体的朋友，你也不会因此歧视对方什么。只不过在讨论一种大而无当的问题时，容易被标签化、被归类，不过，这些歧视标签也离不开其中多数个体的"努力"。

一种带有偏见的环境固然会让被歧视群体更不容易，但是你若知道这一切都不过是效益考量，问题也就没那么严重。人们寻找朋友以及合作伙伴，需要的是信任和能力。一个带有偏见的企业主固然可以任性，但他通常只是寻找更合适的人才。所以，歧视也没那么严重，你是个什么样的人，你愿意成为一个什么样的人才，是最重要的。

一个"会飞"的黑人不足为奇，篮球场上的黑人都"会飞"，可是一个"白人"居然飞起来了。1996年扣篮大赛，布伦特·巴里展翅翱翔，惊艳全球。

百年前英国崛起带来的启示

15世纪开始,葡萄牙人和西班牙人在黄金和香料的刺激下率先瓜分了世界财富,王室内外珠光宝气,刺激全欧洲的人蠢蠢欲动。可惜,并未藏富于民。民间的贸易依然是被王室和贵族们瞧不起的,下层人才做生意。身份上,欧洲各国讲究血统的继承,贵族就是贵族,平民有钱也还是平民。

英国人的血统理念却没有那么苛刻,让阶级之间的可能流动有更好的基础。在英国,只能是嫡长子有继承权,其余兄弟姐妹只能是平民。比如,众所周知的丘吉尔,祖上就是贵族,但丘吉尔却是平民身份。这种传统有个好处,贵族的庶子们压力很大,深知体内流淌着的是贵族血液却无财产、无名分。这种情况下,要对得起高贵血统的做法是,要么变得有文化,要么变得有钱。

这些贵族的后人更努力,大多数人都接受过良好的教育,牛津、剑桥的毕业生多是贵族子弟。这些人可能接触到的机会也会比一般出身的人要多。更难得的是,这些贵族出身的平民,也向各个阶层渗透,表率一个绅士的自我修养,让各阶层都能共同进步,学习当个绅士,共同提高英国的国民素质。

想想看,衣食无忧的贵族群体隔代就壮大的结果是,庞大的寄生群体的出现,不出几代的压榨,都得被起义军搞死。因此嫡长子继承的另一个好处是,让贵族的数量控制在极少数,有利于缓解社会矛盾。

工业革命更准确的说法应该是工业进化,因为这期间并无"革命",而且也不是瞬间完成的,往前一百年,都在积累之中。技术的发展在准备,与传统决裂的观念也在发芽。农业的革新释放出来的过剩劳动力成了工业革命的先决条件。

粮食短缺长期限制人们的经济视野。好在荷兰农民发现了更有效率利用土地的种植方法。英国的农民抄袭了荷兰人的做法,其中最有力量的改良是从土地所有制开始的,参与农业改进的地主和自由租地农可以购买进入市场的土地。传统的农耕文化是集体决定何时该干啥，勤劳者和懒汉都混在一起，效率可想而知。

解决了饥荒问题，也解决了人们消费和投资的恐惧。

劳动力的释放不一定能瞬间对抗传统观念之力。经济发展的新现象需要鼓吹手，赚钱这件事必须得到正名。社会的变化缓慢，因为新观念成为一种文化形式可能需要一两代人的时间。发展可以先行，但观念的课也得补上。

1689年，《权利法案》的出台为英国人的人身和财产安全提供了保障。另一方面，虽然欧洲各国都有审查制度，但在英国很少被强制执行。欧洲其他地方过于强大的审查制度扼杀了公众的阅读和讨论，四处都是对变化可能带来的无序的恐惧。而在英国，经济学作为一门学科，凭借亚当·斯密的《国富论》获得某种凝聚力。民众在不断讨论如何让国家变得富有。

以往，才华出众的年轻人都渴望为王室效力，或者成为神职人员为上帝服务，但是到了18世纪，英国的年轻人纷纷涌入制造业和对外贸易等领域。有天赋的年轻人都把他们的聪明才智用在了工业的发明创造上。

但不可能一切顺利，资本主义思潮逐步侵蚀传统伦理的地位需要很长时间的斗争，那些恐惧变化、输给变化的人不会轻易就范。19世纪20年代，约克郡的工人砸毁了剪羊毛机，因为剪羊毛机的出现瓦解了他们世代剪羊毛的手艺。但就算到了21世纪，认为机器导致人们失业，从而抵制的愚蠢运动依然时有发生。

正如埃蒙德·伯克对亚当·斯密思想的肯定，"像你这样的基于人性的理论，始终如一，必会持久；而那些基于个人观点的理论，千变万化，必将被忘记"。尽管英国率先引发工业革命并踏上资本主义道路过程并非必然，且艰辛，但正因为"基于人性"，不会让英国人忘记通向繁荣的正确道路。

历史不断追问，最后只能归为偶然现象，总体上的脉络能够自圆其说就很不容易。没有什么因素可以跳出来说自己是决定性的，但毫无疑问，历史有借鉴意义。

看来有必要重新认识"文明"二字

------- ※ -------

有个网友留言说,感觉人类越文明,越趋于自我毁灭。我对此有疑问,他可能对文明有误解。然后他进一步补充了自己的看法如下:

> 你说我对文明有很深的误解。在这里我只想说一下在生育方面我的感想。放眼全球,丹麦、瑞典、日本这些高度发达的国家,人口出生率低;日本、中国的人口出生率更是低得可怕(当然中国受计划生育政策影响巨大,但是二胎政策收效甚微)。倒是像非洲的一些发展中国家,文明程度、发达程度比较低(当然

我没有歧视的意思），人口出生率却高得惊人。欧美这些国家的人口出生率很大一部分也是靠外来民族拉动。这样看来越是文明的国家人口出生率越是低，人口出生率低迷带来的后果就是未来的空壳化。国家放风出来，试探代孕民众是否可以接受，表明中国的人口问题很严重，开放二胎政策的实行也没能带来太多的扭转。近期发布的新生人口数据依旧非常难看，有些人着急了，但无论是从法律层面还是舆论层面，中国的代孕合法化还有非常远的路要走，短期内不可能实现。

欧洲这些发达国家的生育率低迷是事实。媒体也经常用"西方文明危机"来形容这些国家低迷的生育率。欧洲的衰败很明显，生育率只是诸多问题中的一个。但说这是文明引起的，我想有必要重新认识"文明"二字。

人们生育意愿的下降，有一种说法是女性的"觉醒"。随着经济的发展，女性地位逐步改善，更多的女性接受教育，女性有更多的时间用于学习和工作，导致所谓"生育成本"的上升。这其中当然也包含了女性在家庭中的话语权。这是好事，有些女性确实好像对生育问题经过几番思索。但也不太可能是一个群体里生育率低迷的主要因素。

要具体到每个家庭，各种原因都可能有。整体而言，我认为欧洲生育率低迷的重要原因之一是政府把养老纳入福利体系。从摇篮到坟墓，生老病死，政府包办。实则征税之后统一再分配，但有个好听的名字叫"福利"。

由于我们国家这几年的一部分人也率先"文明"起来，一说多生几个就联想到生育机器，若是看到"养儿防老"可能更会不舒服。但我认为不妨理解为这是一种事实层面的描述。千百年来，人类得以延续，无非"父母生养子女，子女赡养父母"。对多数人来说，这确实是养老的最大保障。

每个家庭的具体情况都不一样，以家庭为单位的自主养老，上有老下有小，多少钱给父母养老，多少钱作为当下消费，多少钱投资在未来……当下的支出和未来可能的投资都不可能一致。

另一方面，看得见的是丧失劳动力后的政府福利，看不见的是在这种养老福利制度下，如今正在工作的年轻人已经将一部分收入给了如今已经退休的人。很遗憾，我国的社保也正是在学习西方的这种"文明"。然而如今在工作的很多人，他们的父母并未享受到什么退休待遇，而自己倒是没少缴社保。这是很不公平的。

在这种透支未来的情况下生育率不低都难。一个还在还债的人，如何指望其对未来进行投资规划？

"从摇篮到坟墓"的全方位福利，一直以来被很多人视为天堂，也被视为发达国家的一种文明。其中自然是有受益者，但没人在乎谁在买单，以及这种坐吃山空的不可持续。也正是这种大锅饭的做法被称为文明，人们心向往之，结果就是"同归于尽"。

当然，生育率下降这件事变成一个全社会问题，怎么解决？可以少税收，还民间经济活力。还有就是引进移民，但这恰恰是一个福利国家最难办的地方，移民过来就是分一杯羹啊，不给？冲突就来了。等着彻底崩溃，在废墟之上重建了。没钱了也就不折腾了。所以有些国家采取的是鼓励生育的做法，甚至不惜用非常荒谬的限制，要么生孩子去要么别工作了。

近年来，似乎是外来移民的屡次暴力冲突，才让人隐约觉得欧洲怎么问题这么大，完全沦为恐怖分子的实验室了。其实就算欧洲彻底封锁移民，这种奖励懒惰、扼杀勤劳的大锅饭做法，也是必然让社会走向灭亡的。

从20世纪70年代左右，欧洲诸国就开启了自我毁灭的道路。这显然不是"文明"带来的。并不是衣着光鲜、不随地吐痰之类的就是文明,你看哪个政客不是衣冠楚楚的?

文明的基石是私有财产权的不可侵犯。欧洲诸国这种强制性的统一分配,是对个人产权的巨大破坏,恰恰是最野蛮的不文明。

莆田系和百度

"那个时候,只要敢出去闯的,除非运气太差,很难不发财。"这是一个莆田民营医院老板吴总曾经跟我说的话。类似的话在所有中国改革故事的书里也出现过。

四十多年前,改革开放了,一片混沌中,萌发了新秩序。新中国成立前出生的还活着的那批老人知道那时是什么样的社会,就是生产交换,就是私有财产,就是市场经济(这一点,相比苏联,是中国的幸运)。但是转型期间的种种问题根本不可能避免,计划经济的思想残余彻底废除干净绝非一朝一夕之事。摸着石头过河,是个很形象的说法。

整个中国都穷,饭都吃不饱,精神上更是贫瘠。人们渴望更好的生活。改革就是一个松绑的过程。神州大地上的民众多数都是没见过外面的世界的，官僚机构的改革跟不上人们的行动。名义上的投机倒把罪还在，但实际上人们意识到已经可以当个倒爷了，就看敢不敢冒险。如今有些功成名就的企业家都曾因投机倒把罪被抓起来过。恒安集团的创始人许连捷在十来岁的时候就曾因在村与村之间倒卖鸡蛋、芋头等农产品被送进"学习班"进行思想改造。就算是在20世纪90年代初期，一个福建人去上海购买鳗鱼苗转手卖到福建，过机场安检也是可能被没收的。现在听起来简直不可思议。

现在回过头来分析，为什么这么广阔的市场，只有莆田人，准确地说是莆田市的东庄人发现了？很多说法都是马后炮。因为东庄相比莆田其他地方更穷，所在区域在当地被称为"界外"，最穷的一片区域，靠海，土地上种不出粮食，但那时候整个中国比东庄穷的地方也不少。那么是东庄这个地方的人特别聪明？这个理由就更扯了，全国人民都不答应。我觉得首先就是历史的偶然，加上福建莆田民风民俗里宗祠文化的团结帮带精神，导致了后来莆田系民营医院的快速发展。

实际上比较正确的版本是从皮肤病开始的。在莆田当地，人们对这些外面开医院的东庄人的叫法是：抠药膏的东庄仔。这并不是一种赞赏的语气，好比称呼外来的打工仔们为四川仔、安徽仔、贵州仔……"抠药膏"三个字就可以很形象地说明，东庄人一开始就是靠治疗皮肤病起家的。一切都很糟糕，卫生条件差，相关的知识必然不足，国有的那点医疗资源根本不足以应付海量的需求。这个时候谈论当初那些治疗皮肤病的药方是否神奇，是否符合如今定义的标准，意义不大。第一个走南闯北赚钱回来的人给亲朋好友们带来了好消息：外面的世界简直太大了，需要更多人手一起帮忙开拓市场。于是一帮穷怕了的莆田人，以超强的执行力，在神州大地快速壮大起来。糊个广告，招待所租间房就可以办公了。等发现了性病治疗的广阔市场，那简直是赚钱比印钱还快。

正如我上面所说，国有医院是僵化的，完全不可能跟东庄人的执行力相比。这是一种野蛮生长的速度。东庄人也推动了电线杆广告的蓬勃发展。你可能从小到大都不知道什么是淋病、梅毒、尖锐湿疣，但你总是能见到这些字眼。不那么严谨地说，这些人在轰炸营销学上，算是史玉柱老师的前辈了。

如果只是听闻民间传说，你可以听到数不清的离奇故事。比如，曾经有不法医院，因病人实在太多，索性就直接拿粉笔磨成粉末当成药粉；比如很多皮肤病的药水，实际上就是自来水;比如多数人对生漆过敏,莆田人就会去公共场合抹上生漆,导致人皮肤瘙痒,顺便就说成是得了性病……这里面有多少真实的,甚至真实的情况比这更夸张,不得而知。只能这么判断,在一个混乱的市场上,发生这种事情一点也不奇怪。

庸医诈骗患者钱财,一定是有罪的。我们先抛开欺诈这部分不论,因为当我们在说"莆田系"的时候,实际上是"一棍子打死"的,这么归纳是很简便,即便是莆田当地人,也许是出于嫉妒,对东庄人开医院这件事也多是调侃语气。然而,为什么医疗市场有如此巨大的缺口,正规做也是日进斗金,而民营医院的创业者们选择的却是这些专科,并且口碑如此之差?进一步说,更让人无法理解的是,口碑这么差,还能赚到钱。

莆田系的坏名声带来的最坏的结果是,人们对医疗市场化的恐惧,认为这正是医疗市场化的错。加上一帮体制内的医生们的煽动,人们更加坚信医疗不能市场化。在这种舆论下,极可能让事情变得更糟。实际上是,人们对医疗服务的巨大需求根本得不到满足,才会有莆田系的机会。并且,这个机会不是现成的,都是莆田系不断"腐败"的结果。你可以这么理解这个过程:有那么多人需要看病,公立医院完全满足不了,即使可以满足需求,也大多态度冷淡,但是僵化的医疗体制根本没有机会让民间的资本能够正规地去满足市场上的需求，那么，就好比美国当年禁酒时期的黑社会，勇于违法冒险的人冒出来了，是莆田系的老板们通过一系列手段一步步松动这些管制，设法得到批准建立医院。

民营医院也是在夹缝中求生。有钱谁都想赚，为什么多是这些专科类？因为赚钱快，考虑到各类风险，政策的风险，还有更可怕的医疗事故的风险。专科类医院利润高，而且通常医不死人。并且近年来，民营医院逐渐被纳入医保范围，但考虑到市场的接受程度，其实他们更倾向于选择经营非医保范围内的科目。医保，曾是人们去民营医院就医的最大障碍，不能报销，病人不来。能报销吧，民营医院却付不起这个成本。没有公立医院那样的财政补贴，民营医院可能入不敷出，同时，国家在医保方面资金缺口大，今年的钱明年给很常见，资金链难以为继。

有数据表明，公立医院的政府财政补贴大概要占到总收入的8%~10%，且没有税负。而民营医院除没有财政补贴外，还要承担8%左右的税收。为此，民营医院的成本至少要比公立医院高出16%，这是一个比较大的负担。这不是一个公平的市场。另外，民营医院的投资者需要得到回报。而根据调查，民营医院要收回投资，一般需要 5~8 年的时间。这对一些民营医院的投资者来说，收回投资的时间压力很大，又遭遇不公平竞争。因此，为在短时间内得到好的回报并减少税收带来的负担，一些民营医院自然往专科方向上集中。

莆田系对整个医疗市场的"贡献"还在于它对整个医疗产业链的拓展，包括开办药品企业、医疗器械公司，以及促进医学院学生的就业。有一种很滑稽的说法是，"莆田系"医院里都是一帮不懂医术的人在治病。人家是老板，请的医生护士都是真正的医务人员，并且为了得到消费者的信任，必须得有当地的知名医生坐诊。这都是企业运营的正常思路。另外，说上当受骗、暴利之类的事情，通常集中在美容、壮阳等需求上，跟中医药声称可以治疗疑难杂症有什么区别？你有需求，我告诉你我可以帮你，你信，你来，可你说他们暴利无耻。刨去真正的诈骗，多数时候，是一个愿打一个愿挨。

不是说市场会竞争出更好的商品和服务吗？为什么民营医院的口碑这么差？因为如上所述，这是一个畸形的市场，人们看到的是无良民营医院的怪象，实际上是，医疗市场根本不够自由和开放，不需要扶持和补贴，只需松绑。市场不会错，资本也不会跟利润过不去，畸形游戏规则下的必然结果而已。

从电线杆的"老军医"到报纸电视的狂轰滥炸,再到网络时代,莆田系也与时俱进,莆田系与搜索引擎的合作已持续了十几年,"百度2013年的广告总量是260亿元,莆田的民营医院在百度上就做了120亿元的广告"。

最近"病友吧被卖事件",再一次把百度推上了风口浪尖。因为涉及血友病,所以被放大了。这件事几句话就能说清楚。百度是有问题,但请注意条款,"贴吧所有权、经营权、管理权均属百度公司"。百度只是一直以来"吃相难看",你甚至可以说是"愚蠢的商业策略",这才多少钱,卖个贴吧。但,实际上百度有权利这么做。百度没有义务做你们觉得它应该做的事,但它没侵犯谁的权益。

前一阵子莆田系跟百度有了冲突,因为百度一家独大,搜索投放成本高昂,企图闹一闹。而医药广告搜索这一块也是百度一直遭人诟病的地方。

你想搜索a,百度给你b。你说百度无耻,技术垃圾,都可以。你可以用别的搜索引擎。搜索结果如何排名,百度想怎么排就怎么排。广播里隔壁老王的孙女又给老王买了瓶黄金鹿龟酒,滋阴补肾;电视里的来自美国哈佛医学院的赵教授给男士们带来的凶猛丸,持久给力。这些,跟百度搜索出来的结果,有啥区别呢？

全国在骂一家做得最好的搜索引擎，不是市场错了，就是它的对手更不堪。百度那么糟糕，大家还在用，这是什么道理？是不是消费者的错？消费者都无视？卖假药的，百度也没能力甄别。常识上或感觉上，我们认为都是假药，但如果有不在政府花名册上的好药呢？百度是要弄个实验室来认定呢，还是让它们出示国家颁发的许可证？百度没有义务。任何人也没有义务帮消费者鉴别。

百度可以不停刷新下限，然而如何经营，是百度的权利。如果百度不干医药这个竞价，百度高尚；干了，算不上作恶，也就是个不厚道。因为作恶必然是有侵权行为，百度并未在权利上对谁有所侵犯。有钱不赚，为了气节，高尚。这样的局面，是国内其他搜索引擎的更好机会才是。

房市楼市

如果房产税那么神奇

------❀------

如果房产税有用，为何不推广到所有商品上去？从来没听说过让一样东西变得更容易买到的方式是加税。

民间的声音多数都支持针对二套以上的房子征税，打击那些名下好多套房的人。意思是一个人一套房，多拥有的就得多缴税，受不了自然就卖了，空出很多房源。

人们拼死拼活，拿出全家两代人积蓄俗称"六个钱包"，为了绕开限购政策不惜假离婚，也要再买一套房。为什么？因为觉得它值。先不管你觉得值不值得，这是处理个人财富的方式。

一个人有十套房，通常多数都会租出去。如果人家有实力就空着呢。千万不敢低估人民的诉求，天空中飘来三个字：空置税。这些赞同空置税的人，家里闲置的东西也不少，但从没考虑过主动去缴纳空置税。

一人一套或者更严格一个家庭一套，谁来当房东？消灭了房东，或者说打击了出租房源的供给，大家是更容易买到房呢，还是更容易租到房？显然，都变得更难了。在新房源供给被掐死的情况下，对二套房征房产税的结果就是买不起房的依然买不起，但房租飞涨。

还有一种说法，人家外国就有房产税。这么讨论问题的方式是不对的，千万不要说外国如何如何就是合理的。因为外国有非常贵的房产税，导致有些人想在海外置业嫌贵，放弃之后回国呼吁房产税搞起来。这逻辑混乱程度，短时间内恐怕无法确诊。就事论事，外国政府愚蠢的政策也数不过来。

房价是很高，正确的做法应该是允许更多的土地开发，增加供给。我拍脑袋给个数据，别看北京好像很挤，也就开发个5%吧。目前的政策不解决根本问题，而是掐死供给，然后含泪表演各种楼市调控。

就算是房产交易过程中数不清的各种税都会吓死你。分享地产行业一位大佬言论一条：

"2008年,我们调研了北京等一线大城市的70个项目,发现地价大约占到平均售价的一半多一点,54%~55%,再加上25%的所得税、增值税可能到60%,包括地价和各种税费在内的成本占到房价的70%左右。"

还嫌不够贵,还跟着呼吁征收房产税的动机可疑的队伍后面摇旗呐喊呢。别天真了,征更多税只是让所有人的住房问题变得艰难。加税的结果,要么供给变少,要么价格上升。

那些以为自己只有一套房的人觉得事不关己,心里暗爽。然而,事情的趋势都是可以预测的,只要二套房真的开始征收房产税,一套房也就不远了。

还有一些专家学者经过一番分析得出结论,告诉你房产税是一种不错的税种,起到调节优化整合等神奇的功能。我看这样吧,税这东西,应该改成谁愿意交谁交,谁交谁是思想家,谁幸福。

炒房背后的真相

"综合运用金融、土地、财税、投资、立法……"看到这些字眼的时候一般人已经懵了。浓郁香醇的科学调控感，完全符合科学发展观。

"房子是用来住的，不是用来炒的"已经成为金句，居委会大妈都知道了，还请了专家出来定义什么是炒房。

为什么有人炒房？

有利润预期，就有炒的现象。炒的背后是供求现状。所以你会发现，很多十几年房价不动的城市就罕见炒房团，或者有过，无利可图，撤了。

禁止炒房，真的会让大家更容易买到房吗？考虑到人们对包括政策在内的一切记忆都很短暂，可以说楼市调控得到人民的喝彩也是能理解的。严格执行，房价在短期内是会跌，因为，人们投资的需求被扼住，而供应一时也不会有大的变动。

然而长期看，房价只会更贵，房租必然上涨。道理很简单，禁止投资炒房，开发商开发新楼盘的动力会下降，新房源的供应将会大量减少。最要命的是二手房市场被冲击得厉害，房子只能是买来住的，那么哪来的房子租给大家呢？

禁止炒房的结果：买不起房的还是买不起，更惨的是将会更难租到房。

生活中需求旺盛但供给不足的商品都有人炒。比如前段时间的小米 MIX 概念手机，刚出来的时候加价 2 000 块钱才能买到，但很快随着需求热度的下降以及供给也更充足，加价 200 块钱差不多就能买到。这跟每一代新 iPhone 上市，想第一时间享受到必需加价的现象是一样的。

短期内或许一窝蜂的需求会暂时推高商品价格，那也是对该商品未来的一种预判。长期看，商品的价格只不过是供需关系的一种反映，正常的情况，供给会迅速跟上，价格回落。不信谁去囤一屋子鸡蛋看会不会让鸡蛋价格上涨。但媒体的这种很明显的"泼脏水"倾向性,非常容易让人忽视高房价背后的真相,把罪名扣在炒房者身上。还记得上学时看媒体说温州炒房团把房价推高,那时看到这几个字就生气,觉得房价就是被这群贪婪的吸血鬼给哄抬上去的。只能说,这种招数总是有效的。

炒房听起来玄乎,其实就是倒买倒卖,每个行业都有这样的中间商。这些行为是交易过程中至关重要的一环。放大了说,是这些人用实际行动让资源得到更合理的配置,带着对利润的期盼,背负的是可能降价的风险,越活跃,市场的信号越清晰。

与此类似的还有稳定物价政策,媒体不会告诉你,这背后是通货膨胀的结果,而是暗示这是奸商所为。你以为政策都是强推的结果,实际上背后是有坚实的民意基础,不妨抽空问问身边的亲朋怎么看各种楼市调控政策。

一直以来,房子都是人们的头等大事。这么多年来,折腾出了上百套楼市调控组合拳,就没有一次不是让房子更难买到。更诡异的是,每一次所谓重拳出击打击炒房等投机行为都能获得人们的支持,或至少是默认的支持。也许到某一天,更多的人能意识到高房价背后的真正原因,这些打着科学名义的调控就不会那么顺利出台。

　　作为一种商品，固然有土地稀缺的特殊性，但供求关系依然不会变得特殊。面对着大量荒地，不增加供给，谈其他的，越不明觉厉就越复杂。

面对房价，你还需要知道这些

最近你会感觉身边每个人都在讨论房价，"为北京难过"和"北京不欠你"等一类围绕北京的文章也占据了朋友圈，随之很多媒体借机采访了不少青年朋友，其中有坚持在北京住的，也有不得不走的，还有走了又回的。

生活有各种辛酸泪。人们热议高房价是否让奋斗在大城市的年轻人感到绝望。收入对比房价，能理解这种绝望。

现在不只北京，全国各地都跟进了各种限购政策，有些三四线的楼市实际情况相对正常，但这种环境下，对当地政府而言，赶紧表态跟随比较安全。

如今北京的购房政策，有最严厉的认房又认贷，后来又要求连续纳税五年转为更严格的连续60个月,再到前一阵子更不可思议的离婚一年内贷款依然按二套房政策执行。

每一个调控政策都能沸腾所有微信群。

所有楼市调控,都在给交易设置一个又一个的门槛。如果目的只是稳住房价,又何须如此费劲,彻底禁止房子的买卖即可。

有很多与房价相关的文章,人们热衷对未来走势的预测,而结论无非涨或跌。再不济的作者也有50%的概率蒙对。问题不在于结论的对错,一直以来房价的问题就两个:不供地,货币放水。实在不宜用太多无关的原因干扰重点。

需求这么旺盛,令人瞠目结舌的价格都能出现"抢"的局面。真正降房价的措施只能是不断扩大供给,开放更多土地盖楼。然而,一边是没有新增的房源供给,另一边是渴望在大城市安家的奋斗的人们。货币加速贬值,钱只有流向房子是最稳妥。这种情况,你猜将来房子是涨是跌?

过去这一年多,不,就说过去这几个月吧,全中国房子交易放出了多少信贷?当年的四万亿真的不好意思再提了。很多在大城市奋斗的年轻人都是举全家之力(已婚者往往是两家人之积蓄)在大城市买个房。相信很快,中国人引以为傲的高储蓄率也都将成为历史。

很多人在大城市生活得很辛苦，因此感到无助和委屈，实在是很正常。但为此抬杠称"北京不欠你什么"的倒是有点令人费解了，是豆汁喝多了产生自己是北京本地人的幻觉才这么心疼北京？

尽管更多的土地开发也不意味着任何一个人都能轻松在大城市买套房，但至少不会有如今这么变态，且不说这背后还有被调控憋住的那么庞大的需求。

目前这些楼市调控政策会持续多久不得而知，以往的经验是，几年之后就解除了，但如今政策更加变幻莫测，一觉醒来就有"新惊喜"。未来经济走向完全难料。

现实艰难，让人遗憾。难过也难过了，擦擦眼泪，继续往前走。至于如果因为高房价，导致你脑子里正纠结"是否逃离北上广"，如果你真的是这样的人，那么，不妨听听我的看法：

1. 越没有背景越没有资源的年轻人越应该去大城市，只有这里才可能出头。

2. 如果很不幸中国经济出大问题了，北京这样的大城市经济前景恶化，全国其他地方只会更惨。

房子到底干吗用？

还记得毕业时，宿舍楼前漫天飞舞的碎纸，壮观而令人伤感。所有教科书一律化为漫天碎纸屑，看起来还有几分浪漫。

不仅仅是制造浪漫，书还可以盖泡面、垫桌脚、装饰客厅等。熟悉的场景，日常用途。所以如果有人说"书只能用来读"，你会觉得这人有毛病。人家的书，想怎么处理都行，冬天烧书取暖都是人家的事。

但不知道为何，把图书这种私人物品换成房子，同属私人财产，同样一批人，那群曾坚决表示"处理自己财产"他人不得干涉的人，变了，他们认为房子很特殊，一特殊化就注定复杂了。复杂不仅缠绕于整个交易，随之而来的是相关媒体文章和评论。

房子到底能用来干吗呢？自己住、出租、售卖、开店、养宠物、放杂物等，反正随便吧，都行，就那么闲置着也是种态度。然而，不需要在微博或者相关新闻和评论帖子里观察，你身边的朋友恐怕就有很多人是赞成空置税的。

如果多数人真正深刻理解"个人的私有财产不得随意侵犯"这个道理，这个社会就不会有如此之多的谬论流行。空置税这种荒唐的提议只会被当成段子。

尽管很多人张口闭口"权利"，哪怕是个文盲，多少也看过一些香港影视作品，"你有权利保持沉默，但你所说的每一句话都将成为呈堂证供"，倒背如流了。但经验表明，从权利角度分析问题对很多人而言等于是给结论，难有说服力。只有功利的角度，真正利害关系的阐释，才可能让一些人有能力理解那些荒谬提议造成的后果。

征收空置税，暂且认可提议者的"美好愿望"，逼迫人腾出空房出租。房主怎么办，要么卖，要么租，要么扛。

卖，每卖一套，意味着市场上消灭了一套可出租的房源，要么调控导致的交易几乎锁死。租，空置税这笔成本必然是要加上的，同样两种情况，租出去了，空置税必然由租客承担，难不成还有人补贴出租的？交易被锁死还租不出去怎么办？总有办法的，假装租出去了呗。

人们常说的尊重市场，意思是尊重市场规律，规律不会因为某些荒谬的做法而消失，背后是看不见的劳民伤财，以及更多更棘手的问题。一步错，步步错。

即便不从市场规律的角度看，从系统的脆弱程度考量，一定的冗余是非常有必要的。试想一下，果真要做到几乎没有空置房了，那就是崩溃边缘了，换房、转租、装修等，完全没有变动的空间了，即便还有，也无法应对一个庞大的复杂的变动。

不仅仅房子如此，每个领域的商品和服务都会有一定的冗余，因为冗余意味着随时应对无法预测的下一刻变动。这就好比你最好有些存款才能应对未知的变动，不至于以后出点事就彻底垮掉。

攒钱回乡盖房不如村口发钱

二十年前,我们村的一些田被改造成建筑用地,花点钱就可以买一块,然后在上面盖上四四方方的大房子,村里先富起来的一批人,纷纷抛弃自己老式的瓦房,几万块钱住进新房子。新房子的特点就是大。几万块钱在那时可不是一笔小数目。

二十年过去了,这些房子还是很大,但不新了,转手能卖多少?还是几万块钱。更严重的问题是过去这十几二十年,多数人都往外走,有点能力就在县城市区买房,即使不行也一边打工一边租房,所以,当年的房子几乎转不出去。而当年这笔钱,再凑一点,在市区哪怕是在县城买套房子,你猜怎么着,价值大概也就翻个 20 倍吧。

过去这二十年，类似的选择恐怕不止一个村，相信全国各地皆是如此。当然，我现在说这些并非重复"早就该买房"这种马后炮的话，毕竟很多人望着房价都在感慨：哎呀，早知当初……而是说，二十年前在农村盖房子这件事已经证明了这完全是一笔错误的投资。如果说城市化的进程导致人口聚集，进而导致市区房价暴涨这件事当年人们感知不到，尚能理解，毕竟当年有这种前瞻眼光的人早就发财了，比如碧桂园的老板杨国强，几十年前就开始全国囤地了。但今天如果还重复做这样的事就有点蠢了。

不管是参考发达国家的经验还是逻辑判断，中国的城市化远远没完成，也就是说，未来几十年还会有大量的人离开农村，走向市区、省会城市、大城市、超级大城市。即便这代人完成不了，下代人依然前仆后继。这种趋势不以任何人的意志为转移，哪怕是出现第三次世界大战，除非地球爆炸，战后一片废墟重建开始那一刻，就是城市化进程的重启。

说到战争，我经常开玩笑说，打仗了我就回村里，村里有田，开始关心粮食和蔬菜，面朝大海，饿不死。或者说，某一天很不幸社会突然乱成一团。回农村？这是玩笑话。不管是战乱或者别的乱，如果可以当然选择跑路，如果跑不出去，在城市生活也胜过在农村。当然，如果生灵涂炭，我看在哪儿区别不大，活不活得下去就看运气了。

说点实际的吧，不去设想极端的乱世情况，就说和平时期，当经济下行，生活变得艰难，这时候更该往大城市跑，有人的地方才有机会，才能不饿死。回到农村自给自足当然可以，但还不至于。就个人提供的劳动来说，人群聚集地才更有效率。也就是同样的付出，人多的地方有更多收益。

出身不好，在大城市里生活当然不是件容易的事。这不需要强调。很多人一辈子在大城市都买不上房，因此自然萌生攒钱回农村盖个房子养老的想法。如上所述，没有比这更糟蹋自己多年积蓄的做法了。

假设一对夫妻有孩子，但很难买上房子，那么在大城市工作，租房子，生儿育女，下一代人就在这个城市长大，没有户口，熬过各种艰难险阻，一眨眼，孩子就长大了，他们的起点就比自己高出不知道多少。相比攒钱了回到乡下，孩子有更大概率过上更好的生活，自然也更利于自己的养老。这是个很实际的问题。

当然，不是非要大城市不可，而是尽最大可能去县城、去市区、去更大的城市。视具体情况而定。从大趋势上看，很多人确实也是这么做的。还有些人，不知出于什么原因，面子也好，认命也好，就这么把自己多年积攒的钱糟蹋了。如果你身边还有这种想法的人，告诉他们，不要这么不把钱当钱。

一线城市好在哪里？

━━✢━━

我刚来北京的时候，偶尔会去一些小场子听一些不流行的歌手唱歌，新鲜得很，也会抽空去给朋友的新书发布捧场。这帮朋友也都是早年网上认识的，时间久远。这些年越来越不爱出门，几乎不参与任何线下活动。90%的都是家、公司一条线。我时常想，既然这样，在我们村好像也没什么不好。反正都宅家里，十公里内开车去市区，在家还可以自建大别墅，100万足够建一个带前后院的富丽堂皇的房子。互联网这么发达，只要还有网，就能保持原有的联系，完全不影响。而老家的生活成本显然要比北京低一大截。

我翻来覆去地想这个问题。大城市好在哪里？最直观的就是在大城市赚得多。这是现实问题，也是多数人眼前最重要的考虑，背井离乡就是为了更多收入。有更好的收入是头等大事，对多数人来说，仅仅这条足矣。但这依然没有解开我内心的疑问，仅仅因为赚钱多，大城市的魅力显然有点不够。假设收入一样呢？

假设我在二三线城市，甚至在老家可以有一份工作内容和收入差不多的工作呢？考虑到生活成本特别是房价，我该不该回去呢？不会。两个原因，一个是工作环境，同工种、同待遇、同行业的高手通常在大城市，当然也有例外，但大多优秀的人都往大城市走。第二是依然是选择的多样性，我身边有朋友从互联网行业跳去做影视策划，也有从广告行业跳去互联网公司，还有从广告行业直接转型当编剧，下一步可能就是做导演了。不只有年轻人会迷茫方向，人生的很多个阶段都会因为各种原因思考职业方向，也许是埋在心里很久的兴趣火种，也许是突然一股风潮，也许是某种机遇。这种职业的转变几乎是大城市独有的，因为各行业聚集，同行业工种丰富。

假设我不需要工作，财务自由了。我是选择大城市还是风景秀丽的旅游城市？想了想，我都有花不完的钱了，我不在北上广深生活我去什么三线城市啊。我今天想去夏威夷住一个月今天就去，明天想去欧洲喂鸽子下午就买机票。但是我多半时间肯定是要在大城市住着。大城市现代设施完善，生活便利。人在幻想着财务自由之后就啥事不干，这反倒是一种没什么钱的意淫。人闲不住，一定会找点事做，只不过赚不赚钱已经不在考虑范围了。在不知道要做点什么的时候，是不是更多选择的环境能提供更多参考呢？所以，有钱了更应该在大城市。

这些年高铁把全中国都连了起来，畅通无阻。京津冀，大城市经济辐射，各地要平衡……这些媒体上的说法都煞有介事，结果不过是让全中国的人更方便地往大城市跑。

不少人在小县城很快有房有车，粗略一算存款凑合在小地方活到老。但年复一年，一眼望穿未来。信息的畅通让人看到生活的其他可能，对生活在小地方的人是一种刺激。暂且不去分析原因，聚集在一起工作、生活就是一种人性，是发展的大趋势。现在在村里也可以看到大千世界，可以跟全球沟通交流，好像在哪儿都一样。恰恰相反，信息和交通的畅通反而让人更便利地聚集在一起。信息让人们知道更多，交通让人高效流动。

这是人性积极的一面，渴望未来更多的可能性。已经安家的人痛苦于改变的成本，需从长计议。但无牵无挂的年轻人犹豫就有点不应该。尽管今天在全国各地平衡发展的口号之下，现实并不那么友好。

对已经在大城市漂着的人打击最大的不是高房租和挤地铁，而是人口政策。殊不知大城市的一切魅力，生活便利的一切基础都是因为人，因为更多更多的人。人口流失，多么伟岸的建筑群都是空心城。

平衡各地发展好比试图人人均富，愿望也许感人，但结果一定更糟。人是资源，土地是资源，各地天然形成的特色是资源，人们生活水平的提高需要经济发展，经济发展需要让所有这些资源得到最高效的合理利用。这是经济发展的基本规律。人为干预出来的平衡，不仅低效，而且最终也不可能实现，强势硬来结果恐怕就是均贫了。

大城市控制人口规模的做法只是增加了生活成本，但完全阻挡不了人们聚集在一个城市的渴望。好的结果是认识到"自以为是的规划"后及时调整，坏的结果就不敢细想了。

最近突然冒出一句滥俗的话：一线城市容不下肉体，三四线城市容不下灵魂。分开看，一线城市的容不下不是不可改变的，只要不设置障碍，是绝对容得下更多肉体。畅想中国出现第一个一亿人口的超级大城市，繁荣程度简直难以想象。但三四线城市容不下灵魂这件事是真容不下了，不可逆的容不下，谁也改变不了。

买房在县城？

在老家能做什么？收入最好的就是公务员或者能跟当地政府的相关项目沾上边的业务。剩下的还能干吗？开个小店？赚了还是赔了不说，一般人是没什么钱做生意的。还有，做淘宝，当地有好的货源吗？当地有集中做淘宝的，少数人做大，多数人恐怕也就是维持基本生活。

上面有人，家里有钱，事业单位公务员。只有这些人可以在小地方过得还算滋润。家庭越普通越应该往大城市走。

我们没有预测未来的能力，但根据基本的规律可以大胆猜测。经济的发展规律就是极化，就是几个人口聚集的超大城市，以及一些人烟稀少但地域广阔的特色产业区。美国，东西海岸聚集，日本这个国家几乎等于东京，而且在人口老龄化负增长的情况下，大东京圈的人口依然是净流入。日本曾经有过短暂的逃离东京的口号，很快人们都又回去了。挡不住的规律。

所以我之前说，回村盖房不如村口发钱。现在回村盖房的人也许不多了，但不少人在县城买房。今天在县城买房的行为，就如同几十年前在外面辛苦了大半辈子回村盖房。在选择上总是慢了一拍，做出错误的投资。买房是一大笔支出，甚至是多数人这辈子最大的投资。如果你在一个注定萧条的小县城买房，这跟在荒郊野外盖个房子的行为无异，后者还更便宜。

当然我说的不是百分之百，必然有些县城能够发展得不错，可能在未来可以成为"小而美"的典范县城。所以不要问我某某县城有未来吗？我不知道。粗略地判断，相比之下，南方的县城更有机会存活。因为制造业都在南方，江浙广东福建，工厂还冒烟就有大量工人。如果是个产业群，就有更多工人，足够支撑一个县城的正常运转。

每一年都有农村人往城里跑，或者往本省最像样的城市跑。大学生毕业之后，第一选择就是大城市，这个趋势在信息的刺激和交通的高效之下会越来越明显。

三十年前，只要敢走出老家去大城市，开个小店干点杂货，随便干什么，只要留下来，三十年后的财务状况基本打败当年99.99%的人，这就是选择大于努力的最真实的案例。今天去大城市的年轻人虽然非常辛苦，这种辛苦不是当下独有的，当年勇于闯荡的人不比今天的年轻人轻松，因为市场上哪有什么工作机会。今天看起来更艰辛是对比出来的，因为现在大城市里出现了很多混出来的有钱人。收入上的差异明显，但人们往往会被当下的差异蒙蔽，以为这辈子都熬不出头了。这一点有点像股市，一只好股票能拿住二十年的人寥寥无几。

人不能仅仅因为路上多了人为的路障而选择改变正确的方向。我们期待有一天路上的这些障碍能够被拆除，但不应该掉头往回走。

思辨的乐趣

那些利弊权衡症患者

有一种"利弊权衡"十分流行,以至于无意中为多种限制性政策背书。比如就有人说,烟酒是否也应该考虑禁止掉。如今因为合法导致了吸烟和酗酒者遍地,严重影响了人类健康还有家庭和睦,这其中还有人铤而走险酒驾,危害了社会安全。禁止的结果一方面会催生贩卖烟酒的黑帮,另一方面,人们不那么容易买到烟酒了,这个利弊要权衡。

而事实上细心的读者会发现,所谓"利弊权衡"完全没有考虑到被禁止的个人权利——个体抽烟喝酒的自由。当然,对方的反驳也"一贯犀利":你们除了强调个人权利,还考虑过别的吗?比如"利弊权衡"。

是的，在没有高楼大厦的时候，跳楼也没如今这么方便。高楼大厦导致跳楼者数量的增多，这个利弊也是要权衡的。汽车的普及导致每天都有人死于车祸，简直就没有一件事情是没有利弊的，都需要我们认真对待。这绝非无理取闹，是很严肃很深刻的思考。然后，深刻的人继续挠头权衡利弊，准确地说这里的利弊是他们心目中的利弊，他们觉得好，就是利，他们觉得有害，就是弊。浑然一体的上帝视角是很多人的毛病。

权利没有例外，是因为所有例外的标准都是极其武断的。而其中的"利弊"根本无法从整个社会的角度来衡量。只能从每个个体的主观角度出发。也就是说，宏观上讨论利弊是非常自负的。整体上人类交通的便利与死于车祸的弊，这组利和弊如何比较？凭什么说利大于弊？确实说不清，如果没有汽车，每年就不会有那么多人死于车祸。人类总体的便利为什么比这些死于车祸的生命更重要？单纯就这个问题而言，并没有答案。但如果从个体权利的角度思考，就不会遇到这样的难题。

衡量利弊只能是个人的事情，这也是坚守基本权利的重要意义。每个人在行动的时候自己衡量利弊，而不是让一个从宏观上"衡量出来的利弊"来决定。最为流行的还有人口问题。有谁能算出这个星球上有多少人是合适的？不可能有个依据来得出这样一个结论。因为每个家庭的实际情况不一样，人们在考虑生育的时候会有自己的打算。至于说侵占了资源就更搞笑了，隔壁老王光养一条狗的开支就上万，可能够一些贫困家庭养好几个孩子了。看起来是时候"衡量"养宠物这件事的"利弊"问题了。你懂的，得立法让养宠物的费用控制在"某个合适的度"。

咦？我怎么又谈到了人口问题，因为有人曾在微博上说："关于计划生育的问题，比如张三的家境生两个孩子，能基本维持，孩子能正常温饱上学。但生了五六个，结果几个大的辍学打工，剩下的也半饥不饱。这样的事是有的，我就知道好几个例子。他这么做对孩子来说好不好？外界能不能干预？我认为这么做不好；我认为不好随便干预。怎么办？我不知道。但不能假装这问题不存在。"

"但不能假装这问题不存在"令人深省。怎么办怎么办，国家是不是应该管一管，不，干预不好，那怎么办怎么办……机关枪一样的话语连续深刻、充满人文关怀，让我深沉地进入了联想：目前地球上还有人吃不饱穿不暖，不要假装这问题不存在。有的人选择自杀，其父母应该是"凶手"之一，因为父母并没有征得他的同意就把他生出来，这么做不好，不要假装这问题不存在。还有的父母把女儿生得那么丑，父母这么做对孩子好不好？不能假装这个问题不存在。多数父母没办法为子女提供房子车子，让孩子在同龄人里很自卑，不能假装这个问题不存在……

　　数不清的问题。但没有人假装它不存在。还有更多根本就不知道的问题。那又能怎么样呢？

自由很脆弱

电影《勇敢的心》华莱士临终前的一声"freedom"的怒吼响彻云霄，激励了无数人。文艺作品无法不认可自由，艺术离不开自由土壤。如果再把时间拉更长远些，人类的进步历史约等于个人获得更多自由的历史。

但自由的边界在何处，为所欲为的自由是不是真正的自由？真正的自由到底是什么？自由的根基是私有财产权，正如约翰·洛克总结的："我的茅草屋，风能进、雨能进，国王不能进。"

这句话不会有人反对，多好啊，我的东西我做主，任何人，哪怕是国王不经同意也不得擅自闯入。甚至听起来过于美好，人们都不敢相信。但实际上人们并没有想象中的那么热爱自由。

因为自由意味着责任，喊口号容易，对自己负责却很难。这个不只是理论，这是有人类史实验依据的，尽管是奴隶制实验。

也许有的人真的愿意被圈养，我并不反对，这是人的自由。然而，引入政府过度管制的后果是那些向往自由的人也被一起奴役了。这对后者是不正义不公平的。

举个极端的例子，假设有人接受中药注射，或者说吃土治病，你可以说这帮人愚昧。然后如果政府规定，给病人开土药方的一律违法，吃的人也犯罪。看起来是很好的事情，强制拯救愚昧。问题是，这件事撕开了自由的一个口子，后果不堪设想。

相比之下，每个人都应该有自由。你不知道人家吃中药是不是为了得到一种安慰，虽然无效但我都要死了我就想死之前舒服舒服。为什么连这种权利都要被剥夺？

对自己不负责任的人，草率的选择，后果自负。不能"为了他好"就强行外力介入。抽烟的人蠢不蠢？酗酒的人蠢不蠢？狂吃甜食的人呢？现代科学研究表明这些都对健康有害，可以说这些行为都不理性，但不能因此剥夺他人"不理性"的自由。

仅仅因为有人觉得"某些选择不理性"就可以让外力介入？这样的世界你会喜欢吗？不会的，因为任何人都无法保证自己的行为是"完全理性"的。

历史为何如此相似

话说天下大势,分久必合,合久必分。周末七国分争,并入于秦。及秦灭之后,楚、汉分争,又并入于汉。汉朝自高祖斩白蛇而起义,一统天下,后来光武中兴,传至献帝,遂分为三国。

这一段大家都很熟悉,来自《三国演义》的第一回。

读历史,人们看的更多的是什么?是故事,这其中的朝廷内的争斗故事尤为吸引眼球,为后人津津乐道。

然而培根说了,读史使人明智。光看这些古代宫廷八卦显然不足以明智吧。再说,机场小说全是教你做人的,让你要狠的,学会心机,适当城府的,打造顶级人脉圈的……总之,我们不缺这些。

读历史好像延长了自己的生命,跨越千年,回顾我们这个物种的前世今生,从而丰富了自己的精神世界。这也是一种说法,更靠谱一些。人是怎么来的,可能在各家宗教徒眼里和科学家眼里尚有争议,但我们有必要知道的是,古时候大概是什么样子,现代人的意识形态,社会制度,权力和民间的关系等,如今目光所及的一切是不是前所未有的?

别说那么远了,就说我们这个国家,50后、60后生长的环境跟如今的90后完全是两个世界。但权力和普遍的人性是永恒不变的,正因此,历史与当下会比我们想象得更接近。

权力需要秩序,维持秩序需要财政。权力不是一个真空概念,里面都是一个个具体的人。有关组织有关部门之类的表达实际上是抽象的,并没有对应的实体,真实的情况是,里面具体的人在做事情。这也契合了"只有个人才行动"的观念。人为财死,皇帝也不例外,但剥得太狠,民不聊生,揭竿而起也是历史必然。所以,历朝历代都试图平衡好敛财的度。

但权力还有个特性,就是无时无刻扩张的倾向,导致臃肿低效,最终引发财政危机。这时就不再考虑什么"适当的度"了。

比如说历史上曾有过几次灭佛行动，看似是纯粹宗教信仰上的纷争，实则不然，背后还是为了钱。出家人吃斋念佛与世无争，所以天然不需要纳税和服劳役。这就是个漏洞，很多人会躲到寺庙逃避税收和劳役；寺院占地面积多数不小，这些土地也是免税的；寺庙里大量的铜像，这都是可以回炉做成铜钱的。

财政健康，大家阿弥陀佛，我佛慈悲。财政吃紧，什么如来观音统统都得回炉变现。可以说是非常务实了。

垄断发明创造奖这面锦旗要送给汉武帝，在"平衡民间经济"等爱民口号下，在桑弘羊为首的奸商建议之下，汉武帝开启了盐铁专卖，算是给后来的各朝各代贡献了一招敛财妙计，影响力持续上千年。

宋朝金融工具繁杂，开启了印钞机的无敌模式。

一旦朝廷掌握了印钞机，通货膨胀就是必然了，成为历朝历代敛财的绝妙手段。循环这样的必然：财政困难→疯狂印钞→恶性通胀→朝廷害怕→回收旧币→发行新币→彻底丧失了信用。纸币成为废纸。

这里比较有意思的是明朝。以往的皇帝一开始还是有准备金意识的，印出来的纸币多少得跟当时的金属货币挂钩，只是最终难以避免地走向偷偷放水，一开始还是皆大欢喜的。到了明朝，朱元璋对财政一无所知，胡乱瞎印，纸币制度初期就崩溃，民间自发退回到金属通货，白银交易。这样一来，民间的经济反而得到了保护。而大明宝钞还有，只不过成了一种送礼佳品，就等于是纪念邮票了，起到了娱乐作用。

朱元璋迷恋农耕，厌恶贸易，其他附属国只配每年来进贡并领赏。但泱泱大国是要面子的，所以赏赐的总比进贡的多，并且外国友人一路上包吃住，美滋滋排队进贡。虽说是进贡的名义前来明朝，但"地下黑市"照样经营。明朝这么做自然入不敷出，进贡受限，贸易阻断，倭寇猖獗，明朝彻底闭关锁国，发布禁海令（事实上是禁不住的）。并且不只是沿海贸易被断，蒙古人也渴望丝绸啊，蒙古人给明朝传话，开门见山：我们要么抢，要么就在边境搞个交易市场，丝绸不好抢，打仗劳民伤财，但你们要不答应贸易，我们30万大军只好南下。所以，你看，并不是1840年的鸦片战争打开了贸易的国门。

我们在回顾历史上各种"盛世"的时候，往往忽略了这是藏富于民还仅仅是皇库丰裕。通常都是后者，因为朝廷有钱了就瞎折腾，好大喜功，四处征战，扬我国威，载入史册。这一点古今中外皆是如此，无为而治，执政时期静悄悄的反而被当作"不懂治理"。纵火之后扮演一个灭火英雄是惯用伎俩，因为会获得掌声和鲜花，那火一定是刁民放的！

"国富民强"四个字经常是连在一起的，但纵观财政史，国富与民强并不存在必然联系，很多时候是冲突的。上千年来，每一朝代的皇帝都曾高调表达过要汲取前朝各种教训的豪言壮语。南宋皇帝言之凿凿，千万不可向金人学习把货币搞崩溃了，话音未落，南宋印钞机马不停蹄，转得叮当响。

公益广告有什么问题吗?

------※------

公益广告，多么正能量。从小到大，有希望小学的，有红十字会的，还有保护环境，珍爱地球，节约能源等。有时候你真的能感觉到一种"大爱"。

就慈善这件事，正常的逻辑是，人们觉得应该去帮助需要帮助的人，要么出钱要么出力，落实到具体的行动，可能如同选择自己信赖的某品牌商品一样，选择某家信誉良好的慈善机构代理，捐一点财物。一件好人好事也就此完成。

可事实上完全不是这样。中国的私人慈善寸步难行，首先要有一笔巨大的启动基金，其次中国私人慈善机构都不具有法人地位，登记注册需挂靠政府相关部门组织，基本上就是当地的民政部门或官方慈善组织。

将任何商品以及服务特殊化的结果就是最终导致了垄断，结果就是不仅供应稀缺，且品质差服务恶劣。如今人们只会感叹市场化领域各种物美价廉以及贴心服务。类似专车这样的拿出几个亿来补贴打车的事情，总是会让人忍不住感叹市场的美好。而20世纪五六十年代的人对国营企业恶劣的服务态度想必也记忆犹新。年轻的读者可以问问家里的长辈。

房子、教育、医疗，几十年来都是热门话题，什么新时代"三座大山"，各种解决方案也是层出不穷，且给人的感觉是政府一直在试图解决，但很苦恼找不到好的办法。实际上，所有的问题都是不当的政策造成的。只要不进行市场化改革或至少朝着逐步市场化的方向改革，说什么都是无力。因此，那些说医疗教育如此特殊不应市场化不应以盈利为目的的言论，不是愚就是坏。

说回公益广告，如果硬要去一个个看，有那么些弘扬真善美的正能量公益广告，但很少，多数都是希望你好好当个"笨蛋"。比如乐善好施，勤俭节约本是一种美德，但也要看是谁在说，而Ta又是怎么做的。一些慈善组织的宣传再煽情，就算你被感动得眼泪鼻涕直流，擦擦眼泪想想，怎么搞的？

向钱看才最公平

向钱看才最公平

因为一本《公正》，来自哈佛大学的美国学者桑德尔在中国曾备受推崇，又有一帮国内知识分子加持，买本书不看也算给书架增添气质，这位来自哈佛的"表演艺术家"的书是一本接一本地出，只是仇恨金钱的他似乎也没少拿出场费。

桑德尔有一个观点，一个任何东西都可以用钱来解决的社会是不公平的。他在某次校园讲座里举过这么一个例子：如果有一名学生想进入一所名牌大学，但考分不够，其父母去找校长，说如果你录取我儿子，我们给学校捐1 000万元建图书馆和实验室。这是公正的吗？

桑德尔擅长制造各种极端的困境来讨论问题，困境很刺激，人们感受到自己的脑子被带动活跃了起来，仿佛受了启发，忍不住啧啧称奇。就说上面这个例子吧，如果这个学校是私立学校，也就无所谓公正公平了，学校老板觉得划得来，就这么干。如果觉得不缺这点钱，那么就拒绝。就是这么简简单单。问题就在于，这是个公立学校。那么在这个故事里，这就属于行贿受贿了。挤掉一个名额，确实有失公正。

但是，千万不要被困境迷惑。先从公立学校这一源头说起。

公立大学理论上属于全体纳税人，一个池子的财政，分不清哪块是你的哪块是隔壁老王的。这就意味着，有相当一部分完全没享受到高等教育的人，也就是那些没上大学的人也要掏钱支持高等教育。原则上，谁消费谁付费，公立教育其实对没接受高等教育的人是不公平的。桑德尔们听到这里，除了摊手或许还会如此辩解：教育怎么可以完全私有化！教育怎么可以产业化！

生活经验告诉我们，有条件的家庭都愿意把孩子送到私立大学去，说明有钱家庭是肯定了私立学校的教育水准的。这意味着，市场化的教育并不会导致教育水准的降低。尽管竞争得不够激烈导致了私立学校的高不可攀，但问题出在竞争不够而不是允许竞争。

一种服务如果是私人经营，买不起，就找个替代品。但是一种服务就官方提供（注意：穷人可没少纳税），那么这项服务资源的分配规则就多了。人们谙熟的"关系背景"在这里行得通。穷人如何跟有钱人比"关系和背景"？

从各阶段的教育来看，目前中国幼儿园的可选余地最大，学费每个月1 000到20 000元不等。很多打工者的子弟也能接受幼儿园教育。这可以给人一些启示，小学、中学、大学实际上也能做到类似的价格阶梯，但问题很显然不是出在市场不提供，而是受到了管制。

每个人的能力机遇各不相同，贫富差距是必然存在的。一个自由的市场上，不偷不抢，越有钱的人通常是那些为他人创造更多商品和服务的人。苹果公司为人类提供了这么优秀的产品，乔布斯有钱是应该的。一代一代人过去，有些家族有了财富积累，他们的子孙起跑线自然也就比其他人要高。这是命，是现实。

商品和服务都是稀缺的，如何来分配？靠长相，靠身材，靠投票，还是靠关系背景？没有一项比靠金钱来衡量更公平公正。如上所说，因为大部分有钱人都是为这个社会创造财富所应得的，用自己的能力加上机遇，创造出了更多的商品造福其他人，是付出和回报的对等，尽管不可否认其中的运气成分，而运气又能如何干预？

桑德尔在接受中国粉丝的采访里还透露出这样一个信息，他认为一个娱乐明星的收入比大学教授高出好几百倍，这个社会对"社会贡献"的评价以及回报方式出了问题。这就有点强词夺理了，谁来评判一个人产出的价值？又有谁不觉得自己的研究是"有价值的，全是贡献"。

我们村那个每天都在思考全人类命运的精神病患者也觉得自己在做人类史上最伟大的功课，但可惜村里没有出现一个桑德尔召集大家反思，建议给这个精神病患者一些研究经费。

其实最有趣的一点是，桑德尔并没有穿得像一个乞丐，或者至少拒绝版税，不要任何出场费，以实际行动来支持自己对金钱衡量一切的担忧。对一个"体面优雅"的学者来说，这不太讲究。

只要有人买，它就是这个价

某个行业暴利的新闻隔三岔五就得来一出儿。某某商品成本只要×××，居然卖×××。也难怪媒体记者们经常还得意地表明是暗访，冒险爆料，真是大费周章。

这种新闻一次两次三次，"无商不奸"就会成了一种刻板印象。报道出来的另一层含义是，有关部门应该出手了，治一治这些"贪婪"的商人。如果新闻搞得足够大，有关部门不出手都不行了，因为要响应底层人民的心声。结果就是商家和消费者利益均受损。

还记得韩寒多年前说，如果他是开发商，就以接近成本的价格售卖房子。听起来韩寒也是看不下去这房地产商的"暴利嘴脸"。很多读者听完很激动，翘首以盼韩寒来当开发商。但经济规律冷酷无情，韩寒有天大的本事也改变不了经济规律。别说接近成本价卖，就算全北京的房子都送给韩寒，让韩寒转手一块钱卖掉，最终的北京房价也不会有什么改变。只不过多了几道繁琐的手续罢了。因为一件东西的价格是由需求决定的。供不应求价格上涨，供过于求价格下跌。你如果卖东西也会很自然地这么干。因此"稳定物价"的说法根本就是无稽之谈。房价的问题不例外，除非有能力破除土地供应限制，否则再美好的愿望也只是愿望。

一个暴利行业，就说眼镜行业，经过有关部门对其进行成本核算后，强制在一个价格，试图消灭商家的贪婪。政策足够强悍，严格执行，结果就是供应变少，需求反而增加了。因为降价了，你和隔壁老王也都想买了。而原本因有利可图欲加入该行业的潜在资本和企业家放弃了。结果让买眼镜这件事变得更难。

限制价格还会造成劣质品的出现。企业为了应付政策，只好在维持原价格的同时偷工减料。以前有新闻说不许某牛肉面涨价，细心的顾客就会发现，牛肉面里的牛肉少了几片。

另一方面，若市场需求减少，任何商家都没有能力硬扛。

风格能这么硬朗的只有国企，因为它有国家财政兜底。生意有风险，这需要企业家的智慧和运气。如果定价可以随意来，那么这个世上就不存在破产亏损的企业。同样道理，一件商品的价格更不会因为成本高昂而变得珍贵。耗资千亿去沙漠里盖一栋豪华写字楼，即便免费，有企业愿意入驻吗？

成本无法决定价格，否则不存在亏损企业，因为既然商品总能以高于成本的价格出售，那就永远有利润。相反，是价格决定成本。是因为在这样一个市场价格的前提下，企业家才愿意承受高昂的成本。另外，许多服务根本无法衡量成本，比如2小时800元的面对面授课，成本是多少？按时收费的律师和心理医生每个小时的成本是多少？编剧耗时数年写了个剧本，不能说成本就一些纸和笔吧？

"暴利"其实是个非常好的市场信号，说明了该行业有利可图。消费者的不满，正是潜在的企业家的机会。高额利润必定会吸引企业家的进入，加剧了竞争，结果就是更好的商品和服务，更低廉的价格。最生动的案例莫过于小米手机杀进手机行业造成了整个中国手机品牌乃至中国制造的崛起。

这个世界就是在这样自由竞争的进程中变得更美好一点。

慷他人之慨，讲良心当然很容易

北京只要一下大雨，滴滴、Uber 等打车软件都有不同程度的涨价，2~3 倍的样子。一点也不意外，网上很快蔓延一波又一波愤怒，满地打滚：这不是市场经济，这是趁火打劫，这是乘人之危！

天气就跟按钮一样，屡试不爽。

但做人还是得讲道理。首先，别人不欠你，司机不欠你，没有任何义务必须载你。别说人情冷漠这种傻话，你冒着大雨出去载人试试？其次，恰恰是钱让这件事变得可爱起来，加价，我载你去。嫌贵，你可以拒绝。最后，人间也不是没有真情，任何觉得下雨天司机不能涨价，送外卖不能涨价的人，最诚实的做法是自己开一辆车出去，义务载人、义务送饭。否则不仅是蠢的问题，还显得特别虚伪。

每个人都厌恶强买强卖，脑子乱的人误以为下雨天打车涨价是一种强买强卖，根本没有意识到，自己的行为才是。常见的怒气还有，人生病的时候觉得医生是欠你的，就应该是什么样的价格什么样的服务，总之，是自己满意的那种。

为什么医患冲突一直在发生，都成为了一个专有名词了。就那么几个公立医院，供给远远满足不了需求。医生每天要接大量的差不多病例的患者，很烦很累，每个病患几分钟打发，患者呢可选的医院不多，就这么几家，双方预期严重不符，加上病人更敏感，内心着急，医患双方像是被扔进笼子里的野兽，时刻都会爆发冲突。

要分清，应不应该与可不可以的区别。不少人都会愿意体谅孕妇或抱小孩的乘客，这是人家好心主动愿意的。然而觉得孕妇坐火车要求换铺是正当的人，未来被他人的任何理由胁迫请继续保持这种美德，毕竟对方可能处于"弱势"。

隔壁老王又老又穷，没有女人看得上，很弱势，按照那种强人所难的逻辑，想必也是可以向女性朋友们要求一桩婚姻？

野蛮人的一个特点就是强迫。野蛮人之所以能如此轻易得逞，是因为有那么多人慷他人之慨讲良心，委屈这部分人去爱护另一批人。

认清这些残酷的现实

最近发生两起火灾,一起是杭州的保姆纵火案,另一起是江苏的 22 人被烧死。前者已经是持续到现在的热点话题了,另外一个跟以往所有的热点新闻一样,呼啸而过,过夜就被人遗忘。

有人说这是中产阶级的焦虑,也许有些关联,但相信网上骂声一片中很多也都是普通网友,甚至还是学生。因为这个悲剧开头就具有戏剧性。保姆纵火,有钱人家庭,三个孩子一个大人,中间冒出各种疑点,等等。所有因素加起来,就炸锅了。

我并不认为人们更应该关注什么样的事,而是想说,当你在感慨那边被烧死 22 个人网上却一片寂静的时候,不必感到悲凉。因为下面的一些事实可能会让你觉得更悲凉。

火灾、车祸，也都不太算新闻，能闹大的倒真不仅仅是受害者有钱或者社会地位非凡，而是如果悲剧并没有某些部门的过失，它只是一个平常的头条，人们纷纷叹口气也就过去了。然而，很多其他的事情，对比会更明显。

富裕的人得某种癌症是有可能得到治疗并彻底治愈的，同样的病落在不算富有的人身上只能等死。富裕的人可以利用自己花钱买来的影响力为自己讨回公道，没钱的人怎么办？事实就是很难。是不是非常不公平？我认为没有，此时此刻的我不能算是有钱人，但希望同样并不算富有的你们也应该清醒认识这一点。

如果我们认同了一个纯靠自己或者自己家族努力获得的财富是其对社会做出贡献的回报，那么财富让他和他的家人有条件享受更好的生活（吃喝、医疗、教育等）也就是理所应当的。这不是什么丛林社会，这恰恰是市场经济的最大的激励机制。因为如今社会整体经济体系的分工太复杂，以至于在很多人眼里，某些富裕的人"似乎并没有做出什么贡献"（比如某公司高管）。

为了便于理解，可以把模型压缩至一群捕鱼者当中来，那个最勤奋最聪明的当然也可能是运气最好的渔民，他捕到了最多的鱼，将多余的鱼拿去卖掉，我们不能光看到他卖鱼所得财富，还应该看到这是他为群体贡献更多鱼的结果。这是他应得的回报。那么接下来他利用回报所得财富做什么都是合理的。可能是更好的医疗，更好的社会地位，更有影响力的身份等。说得刺耳一点，相比不算富有的人，富裕的人为自己的生命储备了更多的可能性。

但我相信，真的有不少人看到富裕的人可以享受到的更多而产生不公平的怨念。这是一种不健康的心理。除非你确信对方所获是不义之财。

同样你也可以进一步想到，为什么企业家值得尊敬。"改变世界"这种陈词滥调我们扔到一边留给有幻想的人。企业家为社会提供商品和服务，提供就业岗位，冒着可能倒闭的风险，而某些人的眼睛却往往盯着他们的利润，认为这是一种收入上的不公平。这也是舆论上的一种不健康心态。

要不是有勇于冒险的企业家们，人们的生活品质不可能有如此大幅度提高。这些变化相信如今看这篇文章的你们都能切身感受到。你们还可以再进一步思考，为什么有些领域我们能享受到物美价廉的好商品和服务，有的领域却始终没什么变化？

以往的文章似乎都说过,我就不展开说了。

你我这样的普通人认清这些残酷的现实最大的意义在于,不仅仅是心态健康了,不被舆论的声音左右,而且能更踏实地认识到勤劳致富的重要意义。这其中当然有一些非常厉害的"大忽悠",在任何时代都有,"歪门邪道"也是一种路子,遗憾的是人们只愿意看到其中成功的,并且认为自己也可以拥有这样的捷径,不懂得邪门歪道背后的风险和概率。

一个人想要获得更好的生活,规律无他,就是努力提高自己,做更多贡献,有更多自由,也有更多可能。这些话朴实无华,就跟小时候你们父母告诉过你的一样。但它是对的。

打击富人只会让你变得更穷

最近"税"的话题，很多人又开始明里暗里在收入差距和平衡上做文章，当然这些人使用的仍是讨喜的"公平"二字，无往不利的绝对正确的两个字。谁敢反对"公平"呢？

个税起征点这件事值得商榷。在整体的财政营收上个税的占比是很低的，有多低，自己去查。针对个税，我一直是一个观点，直接去掉个税对财政收入也不会有什么影响，但是对生活中的每个人却有巨大的影响。当然，很多人意识不到自己到底纳了多少税。

再说均衡，或者说如何让富人缴纳更多税这件事。巴菲特和比尔·盖茨这两只"老狐狸"也经常呼吁富人应该缴纳更多的税。如果富人愿意多缴税,相信任何政府都是欢迎的,多多益善。也没见这两只"老狐狸"给美国政府捐了多少税款。可见只是打打嘴炮。

但如果呼吁立法强制税收,对整个社会的福利和效率显然会有负面影响。

为了避免有些人习惯性地认为任何人的发言都是立场思维,声明一下,我本人肯定不是什么有钱人,也不是为富人说话,当然也并不是为穷人说话,只是在跟你们交流一些粗浅的道理,希望看清外界纷纷扰扰的呼吁,不管他是谁,动机是什么,我们至少要清楚如果那些言论落地执行的后果。

一个社会何以繁荣昌盛

一个自给自足的社会是谈不上什么财富的,人群里每个人的劳作只够解决温饱问题,根本没时间和资源谈进一步的发展,因为没有盈余。人类交易的本能让分工成为可能。一个人敢于不种粮,专心织布,只是因为可以用布匹去跟种粮的人交换。分工是效率的保证,极大地提升了专业度和效率,自然而然地,各行各业的商品都丰富起来,相互之间的交易也随之频繁。

但如果还是那种小作坊,效率便有瓶颈,缺乏大规模的生产。大规模的生产需要什么？土地，厂房，大量的人工。背后是什么？是钱。钱怎么来的？一步步积累而来的，俗称资本的积累。资本的积累让大规模的生产成为可能，从而在分工的基础上再一次提升了生产的效率。

投资有风险，否则人人都去做生意了。投资者拿出大笔钱的时候，思考得比你我这些围观群众要细致得多。因此有些极度保守型的富人可能是选择储蓄。

储蓄不仅是保守的理财，也是社会繁荣的根基，为发展提供了资金。古今中外，节俭从来都是一种美德。有储蓄才可能抵抗未来不可知的风险，这件事不仅对个人意义重大，对一个社会而言也是。

真实世界的交易脉络要复杂一万倍，但其中的原理不变。以上的简单模型如果你能理解，你大概就能明白，社会何以繁荣昌盛。资本积累的重要性也不言而喻。

坚持那些朴素的道理

在经济纵横交错还没这么复杂的过去，人们实际上是能意识到如我开头说的那些基本原理，北美的拓荒者们由于受够了欧洲本土的压迫，建立起了一个优秀的政府模式。后来，不可避免地，政府日趋强大直到今天。但两百年前，权力的影子曾经非常不明显。

多年来很多决策以各种各样的形式出现在人们面前，人们往往被搞晕了，忘记了一些原本就掌握了的朴实的道理：生产，交易，不受侵犯，等等。这是非常遗憾的事情。

繁荣需要秩序

保护民族企业，怎么保护？

人们在购物时抱怨关税重，另一方面却坚信"保护民族企业"的必要性。很明显的自相矛盾。缩小一下空间范围，城市间的买卖如果也让"城关"从中抽走一部分，就很容易察觉到不对劲。再缩小到村与村之间的交易，人与人之间的交易，这其中的荒谬就更清晰可见。

民族企业崛起是好事，这种情感很自然，人们都希望自己的国家繁荣富强。但是"如何保护"这件事，值得商榷。一直以来，国内有企业家总是打民族牌。随便喊两嗓子表个态，不需要成本，谁都可以。但花自己钱买数码产品时人们还是会绕道走向日本制造。毕竟喊口号容易，跟自己的钱过不去的人不多见。

严格保护民族企业，国内的商品也可以有量，只是拦住了国外物美价廉的商品。显而易见，受损的是本国人民。

很多人担心开放过猛，本土企业竞争不过，纷纷倒闭。这是一种过度悲观的假设，并且是一种大脑在瞬间形成的恐惧。更符合现实的情景是这样的，开放让国外的商品进来竞争是需要过程的，大量市场的信号都会促进国内的企业提高自身的竞争力。另外任何跨国企业都会面临水土不服的障碍，举个例子，亚马逊称霸全球，很早就进入中国，但直到今天一直都干不过京东和阿里巴巴等本土电商。

竞争有胜败，这是市场自然规律。也恰恰是市场给予的一种资源更合理分配的信号。同一个产业，竞争不过外国企业，说明本土企业暂时没有比较优势。

自由开放还有个巨大的好处就是长见识。本土企业能直接向优秀的竞争对手学习，完善不足，提高竞争力。这才是对民族企业最大的利好，长期利好。只有在竞争中学习，在学习中提高，本土企业才能越来越有竞争力，以至于放到全球都不落下风。目前中国的手机行业正在占领多个国家的销量排行榜就是证据。

假设一个不能自由交换的世界，每个人的需求都得自己搞定。不说手机、电脑如此复杂的商品，自己折腾出一支铅笔得花多少时间？曾经有人亲自实践过这一行为艺术，花数年时间自己搞出一个面包机来（金属类原材料应该不是自己冶炼的），成品非常劣质。而随便去超市买一台只要几十块钱。自给自足只会让所有人都退回到原始社会。

现代社会的发展是自由贸易的结果。因此任何一个阻碍了自由贸易的政策都是有害的。你能想象跟隔壁村的老王买个鸡蛋，村委会收取村关税这种荒唐事吗？而且贸易从来都是具体的人与人之间的，不是什么国与国的贸易。国无法贸易，是具体的人在交换。

法国人巴斯夏曾经对此有个特别生动的比喻，说为了保护国内的蜡烛商请求遮住太阳，想尽办法把阳光逐出法国。

你设置贸易壁垒，我也设置壁垒，似乎这才是平等贸易。但事实并非如此，不管设置多么高的贸易壁垒，这边能开放一点则进步一点，彻底取消关税就是直接撤掉自己家门口的一道费用。对自己当然是有好处的。如今流行的海外代购，实际上就是绕过"收费站"，让价格便宜点。诚实一点，谁不喜欢用更便宜的价格买到同样的商品呢？

不管本土还是外来的企业,在一个竞争的环境里,要赚更多钱只能是提供更好的商品和服务,也面临着残酷的竞争。我们希望民族企业做大做强,合乎情感诉求。但正确的、长远的做法是引入竞争,让本土的资源在竞争中流向更有效率的领域,也让本土企业从外来的竞争中学习壮大,以至于反过来让我们的民族品牌真正有了走向世界的实力。

让"建设性意见"拜拜吧

———— ※ ————

放在五十年前,谁能想象今天的世界?同样,除了算命的,少有人有自信预测五十年后的世界。随意畅想一下,也许那时候机器人已经大面积服务人类了,也许大半个世界的人都沉浸在虚拟世界里,也许多数国家因福利制度崩溃,恶魔小丑轮番上台,涂炭生灵……

五十年太久,就这十年来说,中国人生活的变化都是翻天覆地的。不说整个智能手机以及移动互联网带来的冲击,仅仅说打车软件对出行方式的颠覆。打车软件充分地证明了一个自由市场的无限可能。有人说这是技术引领的颠覆,这话不假。但这里想强调的,是技术和资本巧妙地突破现状,让人真切感受到，一个没有牌照垄断的市场多么美好。相信也正是这种切身感受，在舆论上，人们几乎前所未有地一边倒地支持打车软件。

然而有关出租车的讨论其实是老话题了。以往若直截了当地说，破除垄断自由竞争，不少人出于想象力的匮乏，特别是容易由此产生的"无法想象会如何"的不安，也不太能接受。主要是没多少人在乎，甚至关注的人也更认同应该逐步放开有计划地让政府好好管一管……试问，在打车软件出来之前，有多少人支持政府打击黑车的呢？相信应该不少。

面对直截了当的观点，时常会有这样的不满：为什么总是说要放开市场自由竞争，就没有建设性意见吗？这谁不会吼两嗓子？看起来如此简单，乐于简单问题复杂化思考的人们都有点不乐意。而且没有数据，没有图表，在有些人眼里就跟专业性无关。如果居然没有莫名其妙的专业词汇，就更可疑了。

这种"请拿出解决方案"的想法，用在具体工作上是必要的，但在讨论有关人们如何看待一些政策等理念性问题上，就属于认知上的缺陷了。身处一个自由的市场，应该如何做，这是每个人自己的事，或者更准确地讲，是对此领域有想法有野心的人（企业家）需要思考的。即使是行业内人士都在做各种风险评估，投资人错过大把好项目也是常态。

最重要的是自由的土壤，而其中将会诞生什么样的创新产品和服务，不应该是行业外的人操心的。术业有专攻。企业家在竞争的市场中提供商品服务，至于他们的目的是利润是搞慈善还是博得口碑，反而变得不那么重要了。你在乎打车软件为何要这么丧心病狂送钱吗？你或许会想，一种商业营销策略，这些公司的什么蓝图战略风险之类，人们最多也就是抱着看热闹的心情看看。

政策松绑，给予企业自由，让他们竞争去提供更好的商品和服务。

剩下的，什么建设性意见？……哦，我想那些人并不是说对参与市场的人提供建设性意见，而是说，在政策上"如何更有智慧"地破除垄断！听起来真的"马上就快有专家的感觉了"。

这也不是倾向于喊口号。理念上的不妥协，不意味着只剩下结论喊口号。一个观点，具体的表达方式可能性是无止境的，这也决定着理念性文章的传播效果和阅读体验。

另外，最根本的区别在于，出发点的不一样。阐述一种观点，从来不应该寄希望于当权者听到，而只不过是与稍微还有好奇心并愿意思考的普通人交流。因为观念始终在指导每一个人认识这个世界。人心坏了，社会环境好不了。而建设性意见则不然，掩盖不住一种"听听劝"的调子。

回到出租车的例子，几年前对此提出建设性解决方案的专家很多，比如建议政府逐步放开牌照管制，五年或十年内陆续给予现有牌照司机补贴，也有把未来牌照放开后应该如何进一步监管的建设性意见都想好了，比如个体不能经营，必须有多少规模才能注册公司，上岗人员的培训也要进一步规范……

最终如我们看到的，这两年由于技术以及资本提前带来的打车体验，让所有这些建设性的意见看起来就像是废纸。

让孩子和父母在一起

从哪里开始讲呢，很多人喜欢看数据，先给一组数据好了。

2015年，中国有2.47亿流动人口。全国共有少年儿童（0～17岁）2.71亿人，1.03亿流动留守儿童中，流动儿童有3 426万，留守儿童有6 877万；留守儿童中城镇留守儿童有2 826万，农村留守儿童有4 051万。共计1.03个亿的少年儿童群体受人口流动的影响，这意味着全国每8个儿童中就有3个受人口流动的影响，其中1个流动，2个留守。基本上每4个生活在城市的孩子中就有1个流动儿童。

我认为这数据偏保守，中国可能有一半以上的孩子处于"流动"状态。比如说，在大城市多数人都是流动人口，你在大城市工作、生活、纳税，老实本分，但户口不在，你就是流动人口。这期间造成的不便我们作为流动人口应该都深有体会。

如果不需要为下一代的教育考虑，户籍对工作本身的影响确实可以忽略不计，人们并不在乎所谓本地户籍那点福利。直到要买房，孩子要读书。房子这件事，即便没有限购，在大城市置业也要一点经济实力。事实上，非要等到有房才肯结婚生子的人，严格执行者并不多。搬家麻烦，租房不是无法忍受。学校可以有好坏，根据自身经济实力择校，问题是，农民工子弟学校被关闭这种事比较少成为热点，真正关心的人群又恰恰是话语权最少的那些。

城市里的打工者，有能力把孩子带身边的本就是少数，如上数据显示，差不多三分之一吧。这些人省吃俭用，为的是下一代人能接受良好的教育，出人头地。他们有着传统的责任感，朴实的价值观。他们甚至从不奢望有一天能在大城市里参加高考。也许很多人不知道，如果在本地没有户籍，哪怕孩子带身边，有幸还能有学上，但还是得回到户籍所在地参加高考。

若不是大量农民工子弟学校被关闭，很多家庭原本不需要一次次地经历"生离死别"，孩子哭喊着让外出打工的父母留下来。目前至少还有两三千万留守儿童，这也意味着类似场景几乎是大部分中国人生活的一部分。对这些家庭来说未免太过残忍。

留守儿童面临的最大问题并不是当地教育落后以及生存环境恶劣，从真正在乎孩子成长的角度看，和父母在一起比接受教育重要得多。人们常说，家庭教育才是最重要的教育，大致也是这个意思。对留守儿童而言，不存在完整家庭，他们的生活中没有"父母"这个重要角色。

有人可能会说，即便把孩子带到城市，这批打工父母收入不高，能照顾好吗？这种质疑不是没有道理，但是可能忽略了一点，如何才算照顾好？这些孩子去了大城市，跟父母挤在一个几平米的小房间，学校里都是差不多收入的农民工孩子，甚至老师都只是这个群体里教育水平稍微高一点的人。以你的生活标准，可能根本瞧不上，但这是他们力所能及范围内，怎么都好过不得不骨肉分离。

再说教育这件事，你我在内的很多人都是农村小学甚至农村中学出来的，我并不是要赞美过去的教育多好，而是说，小孩子一开始掌握具体知识的多少，对未来竞争力而言并非是决定性因素。当然，你也许说起点不一样未来会更难。但我不这么认为，再深究下去就要聊到现存教育的种种不足。总的来说，对儿童而言，能有父母陪在身边比多背几句英语多掌握两个历史知识点要重要太多。

教育不一定非得有占地多少平方米的校园，多少间教室，什么样的硬件配置，什么资质的老师，不需要。二三十个打工家庭的孩子，找个差不多的场地，请几个人看护，做做游戏，简单的算术、识字，都可以。主要是让其父母在工作期间有人帮忙照看孩子。所以，彻底关闭民办学校并非易事。就是长期拉锯战和折磨。但为什么要这样呢？

当然了，还有些人会问，为啥不在本地找工作呢？非要跑去大城市，把孩子扔家里，是不是家长自己不负责任？因为以前是计划经济，用户籍把人拴在本地，寸步难行，不管你是谁，有多大能耐。人作为最重要的资源丧失了流动性。人不仅是资源，是财富，说得更大一点是地球存在的根本。但前提是，让人发挥主观能动性，去自由市场中交易合作。

市场经济口子打开，脱贫致富的机会涌现，每个人都在市场竞争中争得更好，更多资本和更大自由度释放出了无穷的生产力，中国奇迹般飞跃，绝大多数人也赚得更多。

还有些人受一些误导，不加思考就说教育资源有限。只要需求在，教育资源就在，可以无穷无尽，甚至根本不需要动用任何财政支出，仅仅是允许民间自主办学。

对超级大城市的种种限制，让所有理由都站不住脚。这种想当然的规划，只不过是加大所有人的成本。如果回得去，人们早就回去了。

当然，你也许会看到一些二线城市好像吸引了不少从"京沪深"跑回去的年轻人，好像看到了效果，实际上这是企业在牺牲效率而不得不应对的办法，而且也仅限于部分企业可以这么干。由于各种限制导致了在北京或上海的招工成本大大提高，企业为了进一步发展，要么转移业务，要么暂停招聘转向成本更低的二线城市。这时候，有人说，你看，分散开了发展这不挺好的吗。这就非常有迷惑性。因为必须区分是正常情况下的企业长远规划，还是出于被迫。如果是后者，必然有损企业原本效率。

为什么要关注留守儿童，另一个可能容易被忽略的重要原因是，这些留守儿童很快便长大成人，好几千万流动和留守儿童就是这个社会的未来。对人性格形成起决定作用的是天生还是后天环境这个争议我们暂且搁置，因为目前的研究结果都无法否认这两种因素。也就是说，每个人将来成为什么样的人，成长环境无法被忽视。

精准扶贫难道就是找到需要帮助的对象,给他们发钱?这显然低效,并且从财政上而言也不可持续。最精准的扶贫就是允许甚至鼓励那些穷乡僻壤的人走出去,因为包括他们在内的每个人都应该有权利去更好的地方,也就是去大城市里努力追求自己的幸福。甚至都不需要任何财政支出,仅仅是允许。这不是能力问题,是观念问题。因为我相信国家一直以来都有良好意愿,否则不会提出"消灭贫困"这样的目标。

希望有更多人能关心上千万留守儿童,这上千万群体里每天都有各种问题和虐待行为发生,但媒体不报道就不会有人知道,更不会有人关心。

学校教育很重要但并不是全部

首先需要认清这样一个事实,从来不存在同一起跑线。有些人出生在富裕家庭里,一辈子游手好闲也能衣食无忧,有些人也许在未成年就不得不出去打工赚钱。乍一看非常不公平,凭什么呢?这种妒忌之火时常在人群中蔓延。遗产税也会因为这样的情绪高涨而顺利出台。

换个角度看这个问题。假设一开始所有人都在经济水平一般的普通家庭里出生,也就是在同一起跑线上,过了几十年,时运机遇以及个人的天分和努力等因素,这些人的贫富差距拉开了。这时的状况人们尚可接受,因为他们觉得大家起点一样,人家运气好或有本事,只好认了,那么接下来富裕的人是否有权利随意处理自己的财产？他将之送给自己的儿子亲人或者朋友，就是自然而然的事，也就意味着有的人啥事不干就获赠了一笔财富。

说来也怪，这时有些人就不高兴了，认为这不公平。顺应人群中的妒忌之火，对这些财富进行适当的剥夺，冠冕堂皇的理由是尽可能缩小初始状态的贫富差距。如果它是作为一笔遗产出现的，在有些国家遗产税非常之高，以至于有时候继承人不得不放弃。很显然，没有任何理由站得住脚。

回到正题，谈教育市场化后的穷人的教育质量问题。富裕的人上昂贵的学校，不富裕的人就上个很普通的，这是教育市场化后很正常的现象，这在一切市场化领域都是普遍存在的，但这不意味着不富裕的人就无法通过努力变得富有。实际上不需要做太多调查，就身边经验看，读过名校和普通学校的人群（很多甚至没上过大学），就财富论，多少人是穷苦出身白手起家的？数不过来。并不是说好学校无意义，而是说学校教育不决定未来的一切，成长甚至人生转变的机会一直都存在。

更开放和多样性的教育市场，对不富裕的人才更有好处，因为一个人的学习成长并不是等同于上大学。由于大学教育太过千篇一律，不可能适合所有人，这里说的不适合，并不单是家庭原因造成的，个体上对现有教育的无所适从也是极其普遍的。很多众所周知的优秀人物（中外皆有）都不是因为上不起学而退学，而仅仅是读不下去或者不想读了。

今天，除少数极度贫困地区的小孩，多数不富裕家庭的孩子也未见普遍营养不良现象。食物给了你就不能给别人，而知识可以无限分享给所有人，在互联网时代更是唾手可得。担心教育市场化之后不富裕家庭的孩子无法出头，这就是杞人忧天。

是，市场化的结果会导致学费档次拉开，也许有一年上百万的，也有一年几千元的。这已经不是教育质量差别的问题了，而更多的是社交需求。比如某商学院的 EMBA，学费高昂，学员不是成功人士就是富二代。这是人家愿意掏更多钱去拓展商业上可能有帮助的人脉，这就算是一种投资。

富裕的家庭希望自己的孩子去硬件等各方面更优秀的学校无可厚非，但这并不意味着不富裕家庭的孩子失去了成长乃至成才的机会。如今教育正在因移动互联网的普及悄悄地发生着革命，任何地方，只要能上网，极其便宜的价格，所有人都能享受一样的线上名师资源。是资本和技术击垮了匮乏，让仅仅获取更优质教育资源这件事变得越发平等，而资本和技术需要一个自由的竞争土壤。

　　只要平台足够多，贫富阶层的流动性并不会固化停滞，就说明，不富裕的人永远有机会致富，富人同样也随时可能变穷。

互联网破坏了生活？

现代人的大部分注意力都被手机吸引了。刷刷微博、朋友圈，看看群聊，一天要接收无数信息。尤其现在有些工作基本上靠微信联络，若一天不看手机，晚上睡前，未读信息的红点密密麻麻，让人精神紧张，好像一堆未完成的任务。

信息确实太多了。

我们的工作是不是变得更有效了？毫无疑问是的。但我们的生活是不是需要如此有效，或者说生活是否也需要这么繁杂？我们的时间都去哪里了？过去一段时间我们收获了什么？相比以前，手机上的"诱惑"前所未有的丰富，无底洞似的，追剧一追就废寝忘食，短视频也像鸦片一样让人上瘾，一条接着一条……

由此质疑互联网对生活的破坏看起来是有根据的，各种危言耸听也似乎不无道理，很多国外畅销书纷纷加入了反思网络生活的队伍。我在生活中不止听到过一个"成功人士"认为政府应该管一管"王者荣耀"，说是小孩痴迷。

现在把错误归到游戏，多么熟悉的味道，以前是金庸、琼瑶、古惑仔电影。在外部环境找理由似乎更容易被接受。

这是自然现象，因为移动互联网发展太迅猛了，也就这几年，翻天覆地，要不是拼多多的出现，很多中国人到现在都不会网购。人们在适应，学会更好地与之相处，需要时间。

中国电影市场在快速下沉的过程中"烂片"横行。有明星，有特效，有煽情……可以了，没在电影院抽烟喧闹就算是对影片的巨大肯定。审美从来都是建立在见多识广的基础上，很快，IP无效，偶像失去号召力，五毛特效丢人现眼，煽情变得可笑。这种情况下，电影人自然得想办法进步。市场是最好的监督，一直以来说的就是这个意思。

近些年，中国人的食品丰富起来之后，肥胖问题成了社会热点。但如果因此反思"食品太丰富"，显得有点无聊。更多选择总是好的。认真算一下，多数中国人真正不愁吃也才三十年不到。有强烈饿肚子记忆的人有一大把，都还活着。但如今一二线城市,健康餐、跑步、游泳、健身等健康生活风刮得那叫一个迅速。朋友圈里不晒个跑步地图,没法证明自己活力四射。

人类就是有很强的自我纠错能力。市场发展导致了物质丰富或者信息泛滥,是个必然的过程。如果一个人相信自己有能力为自己的生活负责,凭什么觉得别人不具备这样的能力而要求政府给予"好的引导"?这非常自以为是,而且后果非常严重,人趋利避害,任何人都会在第二次走夜路的时候避开上次遇到的坑,这是值得对世界保持乐观的一面。

但权力就不是。权力欲,看这三个字,权力的存在本身就意味着无限扩张倾向。有点资本就折腾,不到毁灭不罢手。权力和主力观念之间谁才是历史进程的决定因素,很多人认为舆论和观念在权力面前不值一提,有意思的是,多数人认为是前者,那么前者必然胜出。退一步看这个问题,有没有用,我们不操心,个人也确实无力得很,我们能做的是认定一种正确的观念,让更多人变正常。一个人可以是文盲,但不能不懂基本常识。相反,现在真正的文盲很少,都能读书看报,但不见得有常识。

很多此前不关心社保的或者认为社保是养老必需的人,开始反思社保到底是什么东西。从这个角度看,也算是好事一桩。

因为影视行业的税改，一些编剧界人士知道肉疼了，开始关心这些事。诗意和文艺无法护体，一刀下去，血淋淋，嗷嗷叫。

我理解人们发现了某种"混乱"就开始心慌，总觉得需要权力介入，哪怕只是一些烂电影看不下去就要求政府封杀这封杀那，迟早有一天就什么也看不到了。我们需要的是一种自由的秩序，一种基于市场竞争带来的秩序。在这个过程中，那些表面的混乱是过程的一部分，根本不足为惧。

国家拟推出一系列政策，每一条政策，每一次的舆论引导，都跟你息息相关。这不是远在天边的社会话题，这一切就是你躲不过去的生活的一部分。

城市的繁荣与伟大

———❋———

小时候我生活在农村，进城的概念就是挤着一辆浓烟噪音都巨大的破公交，然后就会看到密集的更高的建筑，很多店铺，卖什么的都有，哪怕是一个三线城市，城里的一切都更好更方便，人口显然也较为密集。

那就是"城里"，就是城市。城市不是一个先行的概念，而是大量的人聚集在一起，有了频繁的买卖，随之逐步在各方面生活配套都跟进的地方。人们把这些地方称为"城市"。

区别于人口稀疏的农村，城市的一个重要特征就是人口密集，人口自由流动。人们聚集在一起是为了更好的生活，至少，那些向往大城市的人是这么想的。

为什么会出现大城市?

实际上没有人能计算出一个城市可能的规模，也就是说城市的极限在哪里。在城市发展的早期，城市的管理者也会制定一些人口规模规划，通常是刚落实好一个计划中的人口应有的数字，该城市的人口早就突破了。不过，也没人在意这些，这本就是满足一种形式上的"处于掌控"之中的欲望。

由于规模效应，出现超级大城市是必然趋势。

伦敦人口占英国人口的13.1%。仅用小东京的概念，东京都的人口已经占全日本人口的10.3%。如果我们用东京圈概念的话，它的人口大约是3 600万，也就是说每3个日本人里面就有1个住在东京圈之中。韩国有20%左右的人口集中在首尔，奥地利有20%左右的人口集中在维也纳，秘鲁首都利马的人口占到整个秘鲁人口的25%。法国人口有很大比重是集中在巴黎的，达到了15.9%。美国的人口在空间上也是高度集聚，大约80%的人集中在大约4%的国土面积上。

这是部分发达国家的大城市人口聚集情况。因为人口聚集产生的规模效益不是简单的1+1=2。产量1 000万和1 000，对工厂来说前者的边际成本是要低很多的。同样开个小超市，在

10 000 人的小区里开和在 100 人的小区里开，你说哪个销售情况会更好？人口聚集可以让很多商铺靠庞大的人流量生存下来，而且均摊到每个人身上的成本又特别低。

由于每一个人既是消费者同时也是生产者，因此，在人口密集的大城市里，每个人都可以享受到更物美价廉的商品和服务。这种效应继续吸引着更多的人来到这里，从而让整个城市变得更加繁荣、持续繁荣。

目前在大城市的许多人，自己想一下，如果回老家，能发挥如今的作用吗？收入和未来能跟现在一样吗？

流动中的魅力才能充满着朝气

在统计各地区发展的时候采用 GDP 的概念，然而更科学的统计应该是地区的人均 GDP。大城市的相关产业有规模经济效应，人口的集聚才能带来更高的人均 GDP，这也是人们涌入大城市的原因；而有些产业，比如农业、旅游业，受到土地制约，想提高人均产出，则不需要太多人。

人们为了积累更多的财富，必然会涌入大城市。不必担忧大城市无限膨胀。当一个人在这个城市获得的收入并不比在老家当个农场主或者当个山清水秀的地方导游赚得多，他会做出自己的选择。在人口自由流动的情况下，人力资源会得到更合理的分配，不管是人口聚集的大城市还是人烟稀少的小城市，区域间的人均 GDP 会趋同。

这里的前提条件是，人口的自由流动。说到底，一切的一切都是人创造出来的，人是最宝贵的资源，所谓社会发展效率，就是资源能否用到最需要的地方去，这没有人能规划得出来。因为市场经济，人的生产力得到了解放。

好的生活有什么科学的标准吗？

灭火器是 19 世纪中期发明的，在灭火器发明以前，人们是怎么睡得那么安稳的？按某些出于安全就把住房和店铺砸了的人看，19 世纪以前人类都得睡在户外，因为不安全。早先的汽车没有安全气囊，没有安全带，按现在的标准是难以置信的。当然，不是在说安全不重要。这里想说的是，安全非常重要，但不可能也不应该有个一刀切的标准。就说同时代下，人与人之间对安全的需求也不可能是一样的。

住地下室肯定没有住豪华公寓安全，舒适性就别提了，但是你以为住地下室的人不知道这些吗？他们只是根据自身经济情况才接受了这种不舒适和可能存在的风险。实际上这么说也不严谨，如果有些人收入挺高，但就是愿意住地下室，可能是舍不得花钱，也可能就是喜欢。谁管得着呢？

安全也好，更美好的生活也好，是没有标准的。吃喝住行，每个人都有自己的选择。

或许很多人心目中都有一个完美城市的样子。干净的水和空气，户外招牌的字体都颇为讲究，路上的行人穿着虽然风格各异，但都是精心打扮过的，一切都完美，寻遍整个城市找不到任何一个可能跟脏乱差沾边的角落。

这是可能达到的，但这绝对不是用权力的干预来完成的光鲜亮丽，因为背后付出的成本巨大。是可以在短期内消灭一切老破小隔断间，一切看似不合理的都可以清除掉。然而这种做法就是断腿增高，腿看起来是长了，但没法再走了，腿失去了它最重要的功能。饮鸩，不止渴。

城市的繁荣与伟大

除非不顾一切，否则人往大城市聚集是挡不住的大趋势。即便是为了让城市更繁荣昌盛，正确的做法也是尊重产权，让人口自由流动。贫民窟也好，城中村也好，都是经济发展的一个过程。多数如今住得还算像样的北漂刚到北京的时候都住过隔断间或者地下室。

这就是一个过程，也是绕不过去的。让人人都住别墅是非常美好的愿望，让城市一尘不染、整洁有序也是人们都向往的目标，不过是经济的进一步发展，这需要人口的自由流动，产权得到充分的保障，砍掉许许多多行业准入门槛，只有这样，市场的力量才能创造奇迹。中国的制造业和互联网行业基本上可以跟世界上发达国家抗衡，这样的成绩是市场创造的奇迹。

一座能称得上是大城市的地方，应该有着来自全国各地的人，应该是自由和宽容的，不管是在经济层面还是文化环境层面。人们在这里努力工作，积极地生活成长，奋斗了半生，酸甜苦辣，结局也各不相同，但即使是所谓的失败者，他们也不会觉得是被任何人有意阻挠了，可以恨运气不佳，但不会有怨气。在每一个当下，他们的奋斗是有盼头的，至少不用担心在寒冷的冬天被驱赶，这是真正的中国梦，这是一个伟大城市应有的品格。

说说安乐死

几天前中国台湾地区主持人傅达仁在瑞士接受了安乐死，视频出来后引发了一番讨论，我以为很多人会羡慕瑞士能有这样合法的制度。看了几个有代表性的颇有影响力的发言，感觉又回到了网约车出现之前这帮人煞有介事地讨论如何进一步缓慢地解决出租车问题所展现出来的"政治智慧"。

有一种说法是：

"在中国，提倡安乐死之前，更需要先做好的是：1. 逐渐提高社会福利水准，让许多经济不甚宽裕的家庭，不至于因为经济原因放弃治疗。2. 提高和推广临终关怀和姑息疗法，让更多的绝症患者，在较少痛苦或者没有痛苦的过程中离开人世。

3. 全社会对死亡观念的讨论和进化，人们可以相对豁达地接受死亡。

"这几点都不那么容易，尤其是第三点，中国人传统中也回避谈论死亡，在这样的文化和环境里，推广安乐死立法，非常不现实。

"其实，我觉得第二点在中国更重要，还是尽可能推广姑息疗法和临终关怀吧。这个没有法律和伦理冲突，但我们都做不好，奢谈安乐死立法，有啥意义？"

我的看法是：

1. 要富裕到什么程度，一个国家里的多数人才能不再因经济原因放弃治疗？目前世界上有很多绝症是可以靠钱维持治疗的，这大量的钱，一般富裕根本搞不定，得是巨富。当然你可以说我们不应该放弃任何一个人，只要还能维持，不惜一切代价，这才是文明国家。但这个说法太一厢情愿了，因为根本没有哪怕一点点的标准。

2. 安乐死解决的正是这个问题，让患者自愿接受，不那么痛苦地死去。为什么有更好的技术手段在前，还提什么疗法？

3. 全社会对多数人对死亡观念的认知不可能有标志性现象。而且安乐死从头到尾都是具体到每一个人，如果全社会的多数人都不愿意安乐死,也不应该妨碍其中有人选择安乐死。这才是文明社会。安乐死不需要得到推广,也不需要呼吁大家应该如何,它只是一种选择,一种被病痛折磨的绝症患者的选择。为什么其他人居然可以因为某些原因阻止他人的选择?

还有种说法是:

"关于安乐死的讨论,太离谱了。那么多人说看着自己亲人遭受病痛折磨,不忍心看他们受苦,于是支持安乐死,我就不知道说什么了。难道说,有一天安乐死合法化了,你就可以脑子里想着给病痛中的家人建议或实施安乐死吗?这是关于绝对的自我意愿、自我选择,你替别人一分钟也不能这么想,那叫起了杀心。"

我的看法是:

这是一种表达方式上造成的误解。真正的安乐死必须是当事人主观意愿。如果家属可以以"你太痛苦了,安乐死吧"为理由给病人安乐死,那后果确实不堪设想。这件事从头到尾都只能是本人的意愿。具体的审查和标准我不太了解,但如今的技术条件足以确保在实施"安乐死"的时候是本人在清醒状态下同意的。这是技术问题。如果说得再糙一点,瑞士的安乐死整个流程怎么做的,我们照着学习参考。

又有一种说法：

"全世界目前大多数国家对安乐死都持谨慎的态度，从立法角度讲，我不建议中国目前开放安乐死。不能仅仅看到疾病晚期患者的痛苦，还要看到人性之恶，在无法有效防范有人利用安乐死的法律漏洞杀人的情况下，安乐死的合法就不是人道，而是帮凶。

"事实上，安乐死必须保证这是患者绝对真实的意愿，这种自愿必须不是受经济条件和其他因素的左右，而纯粹是由于疾病本身给患者本人带来的不可逆转的痛苦。我个人认为，这些当前中国还做不到。

"目前，瑞士允许外国人在那里通过协助自杀的方式结束自己的生命，如果特别想实现安乐死的，可以通过这个途径来进行，不一定非要在中国通过比较激进的立法。"

我的看法：

如果因为人性之恶就可以粗暴地采取禁止的做法，就不应该有市场经济的存在。坑、蒙、拐、骗都是在市场中存在的，未来也不会彻底消失，如果禁止了自由市场，没有了交易，人性之恶是不是被压制住了？

安乐死这件事如果说有什么值得担心的，那就是如何判断求死患者的真实意愿。也就是说，的确存在意识上的模糊错乱，比如上了年纪的老人。但这是技术问题，我相信可以用更为严格的程序给予反复确认。

我们不能因为技术问题就彻底否定了人不堪忍受而选择死亡的权利。现实的情况是什么，是很多得了绝症的患者，特别是农村里的老人，选择了最痛苦的自杀方式。这没人管得了吧？想管也管不住。但这些寻求自杀的手段都很痛苦，比如喝农药。一个人得了绝症生不如死一心求死，我们为什么要阻止他们选择不痛苦的那个选项呢？阻止才是真正的不人道。而且在公开透明和一再反复确认等严格技术审核下，被莫名其妙弄死的可能性其实更低。也就是说，如果有家属对家里的患者起了杀心，你以为没了安乐死他们就做不到了？这里面的肮脏和患者遭遇的痛苦难以想象。

上面这些反对安乐死的人理由可以非常吓人，我们还不具备这样的观念，我们条件不成熟，我们没有产业背景，……

如果社会的进步都在等待一种完美的环境条件，那么任何改变都不可能发生。如果我们认为大方向是对的，是更尊重和保护个人的自由选择，那么剩下的就是技术问题，在实践中摸索，摸石头过河。

观念的力量

你不可能比他更惨

匿名：我三十二岁，今年是在国企上班的第十年，一直工作在一线，从工人慢慢做到了基层平台经理，带着四十多个人，工作环境长年在野外。家庭也没处理好，两个人经常吵架，正面临离婚，有一个两岁多的女儿，有点厌倦这种生活，看到了体制内没有关系的无奈，对升迁也没兴趣，就想多赚钱，想去省会城市换个工作，因为行业的闭塞也不知道自己能干什么，缺少一点从头开始的勇气，麻烦主任给分析一下。求匿名。

答：说真的，我也不知道。大家都很苦闷，都向往更好的生活，更自由，更洒脱。这挺好，说明对生活还有追求。但我知道说再多也没用,不如建议你重温一遍《肖申克的救赎》。说到生活的艰难,有谁能比被冤枉入狱的安迪更惨呢?如果你没看过,那确实应该看一看。希望你能从中得到一些启发。

我从中得到的启发是,自由很美妙,希望很美妙,但着急不来,需要足够大的耐心才可以。而且这个过程中还得学会苦中作乐,保持不崩溃。人一旦拥有了如此坚韧的力量,基本天下无敌。

我又想,如果肖申克监狱里的安迪可能提问,也许会是这样。

安迪:你好,我叫安迪,今年三十多岁,本是个金融界人士,但因涉嫌杀害我的妻子及她的情人而被判无期徒刑。我是无辜的。我知道这么说你一定觉得可笑,毕竟这所监狱里的所有人都说自己是无辜的。监狱生活每日超负荷的劳动并不是最苦的,噩梦来自鸡奸狂"三姐妹"不间断的骚扰。我拼死抵抗也屡遭毒手。最令人绝望的当然是这监狱生活本身,我不知道这样失去了希望和自由的生活我还能坚持多久。能不能告诉我如何才能活下去?

若有一天,你真遇到这样的倾诉,怎么回复都很难给人活下去的信心？在监狱里的安迪一定有过这样的沮丧时刻，难免会想倾诉一番。这些都是正常情绪，数十年时间，苦闷怕是频繁到自己都麻木了。当然，安迪最终成功越狱的故事刺激着无数人，虽然那只是一部虚构作品。

对我而言，这部电影是不是影史第一不重要，这个故事早已超越了电影艺术之争。电影我重温过多次，看了斯蒂芬·金的原著小说，前段时间又读了遍电影剧本，实在是一个伟大的故事，终结了所有心灵鸡汤。

许多人的生活都存在这样或那样的困难，但恐怕没有人敢说自己比监狱里的安迪处境更糟。不过，这样的对比，确实并不会让生活在煎熬中的人一下子得到安慰，不仅是因为这是虚构的与希望有关的故事，而是人们很难从处境更糟的人那里比出幸福感。

至于"要么忙着活要么忙着死"这句经典台词，最多也就装点一下自己的 **QQ** 签名。作为这部电影的超级粉丝，我对这句话成为电影的经典台词感到困惑。但不算意外，人类痴迷金句。

这部电影终结一切励志鸡汤的最根本力量，不是哪句台词，也不是哪个瞬间，是二十年时间，安迪在监狱里每一天的生活状态。就算换个结局，比如安迪最终老死在监狱，也无损它带来的重要启示：人活着不仅仅要保持希望，保持对自由的向往，更要在生活中的任何时候拥有无法摧毁的坚韧和耐心。

　　安迪知道自己是被冤枉的，就这一项命运的不公平，足以让多数人在进监狱的那一刻就彻底颓掉。但安迪接受了这样的生活，为打发时间，他想搞点手工活，雕刻石子。一开始安迪对未来有什么打算吗？不太可能有，越狱就是一句玩笑话，他更不可能知道未来或许有机会洗脱罪名。只是在墙上刻字的时候，他意外发现了牢房墙体的质地腐烂，于是开始了漫长的挖墙计划，工具是一把小锤子，正如瑞德所说，得挖上百年，而时间也只有夜里的休息时间，还得时刻提防查房的情况。在安迪用那把小锤子挖墙的每一个夜里，恐怕也未必有把握一定能通到外界。不仅仅是条件受限，无法预测的意外更多。但他坚持挖了近二十年，夜里干活，白天放风时闲庭信步，小心翼翼清理挖出来的沙土。

　　漫长的监狱生活，安迪除了挖墙，给狱警们洗钱避税，还干了一件不可思议的事，就是坚持不懈地要求重建图书馆，一封信一封信地坚持要求政府拨款，最终达成了目的。一群囚犯，看书干吗，有什么用呢？是没用，实际上对监狱里的多数人来说饱读再多诗书也是一辈子的廉价劳役，最终不过老死在监狱。但不管身处何处，所有人都会死。若按这种思路指导生活，干什么都没意义了。显然安迪不这么想，就算肉身一辈子逃不出那高墙，书籍也能给予灵魂更开阔的天地，给予人心灵上的自由。于是更进一步，为了让监狱上空响起古典乐，哪怕就一次，被关禁闭他也在所不惜。那不仅仅是一曲古典乐，那是黑暗里的一束希望之光，久违的自由的味道，稍纵即逝，却是肖申克监狱历史上最美妙的几分钟。

整个牢狱生活，安迪仅有一次显得慌乱失常，就是多年后出现了一个年轻小伙带来的与真凶有关的回忆。那是安迪离自己的罪名被洗脱最近的一次，他激动得有点歇斯底里，只可惜突然冒出的希望小火苗最终也被典狱长踩灭。安迪崩溃了，但很快调整过来。在计划好的某个雨夜，电闪雷鸣，他从容完成奔向自由前的最后一击，为近二十年的努力画上完美句号。

现在我们回到现实，包括你我在内的每个人都有各种烦恼，今天没有，明天也会有，有的是小小的焦虑，有些则是巨大的困难，但不管怎么说都比安迪的处境好一万倍。你也许是个没有好文凭的年轻人，也许正在某个工厂的流水线上挥洒汗水，也许失业在家，也许身在小地方郁郁寡欢，也许到了中年想要一些改变，等等，因此你也许觉得自己这辈子只能干不需要文凭的工作，一辈子只能当个流水线工人，一辈子只能啃老等死，一眼看到人生尽头。你感到万分沮丧，你的时间确实不值钱，所以你每天要么玩抖音要么刷头条要么在游戏里刷存在感，沉迷于"奶头乐"，逃避迷茫。没问题，饿是饿不死，当下不至于，但人生很快也就过去了。

并不是说要实现什么样的人生目标才是一种成功，这从来都没有标准。《肖申克的救赎》不是成功学也不是励志鸡汤，是展示一种人类在困境中应该学习的从容而坚韧的心态。

人的内心是需要一种秩序，而且无法一劳永逸，与内心混乱的对抗是持续一生的任务。这种混乱包含了枯燥、乏味、煎熬、绝望、虚无等情绪，因此光有强悍的理性思维是不够的，心灵需要更柔软一些的养分，人在日常生活中不仅需要爱，也需要给心灵注入一些诗意，就是那些被我们称为文艺的东西。

重复一遍这个伟大故事带来的启示：自由很美妙，希望很美妙，但着急不来，需要足够大的耐心才可以，而且这个过程中还得学会苦中作乐，保持不崩溃。人一旦拥有了如此坚韧的力量，基本天下无敌。至于结果是不是一定能完成自己的梦想，倒真不是最重要的。是这个过程，赋予了生命最了不起的意义。

太难了，互相理解一下吧

据人民法院公告网数据显示，2020年年初至3月23日，已经有超过750家企业发布破产公告，而在春节到2月21日期间，有249家宣告破产。据"天眼查"向"铅笔道"提供的独家数据显示，从2月1日至3月15日，全国一共有104 327家提交注销申请。另外，仅北京、上海、广州、深圳四个城市，注册资本100万元以上的有限责任公司、股份有限公司和私营企业，再除去一些传统行业的公司，就有共3 869家公司注销。其中，融过资的只有24家，占比6.2%。

在城市分布上，3 869家注销企业在北、上、广、深的数量和百分比分别为：北京1 605家（41.48%），上海1 272家

(32.88%)，广州 479 家（12.38%），深圳 513 家（13.26%）。

这些数据背后是密密麻麻的已经阵亡的中小企业。一个月 20 万亿，现在草草估算至少 40 万亿的经济代价。如果你目前高枕无忧，生活没有受到巨大的冲击，这些数据看起来就是跟你无关。

但损失总有人承担。

2019 年全国居民人均可支配收入 30 733 元，全国居民人均可支配收入中位数为 26 523 元。中位数什么意思？就是说一年可支配的收入高于 26 523 元，就比一半的中国人收入强。

在思考这个问题时千万不要说，还好啊，我和身边的朋友只是收入变少了，但并没有多严重啊。不要这样，真实的情况是，很多人的收入水平根本经不起这样的折腾。并且，以今天的经济结构和彼此联系的紧密程度，所有人都会受到影响，它也许不是体现在你的个人收入上，但会体现在物价上，体现在稀缺上……已经是命运共同体了。只是人们对这部分的感知能力比较弱。

从来就不需要去否认我们在这次防疫中取得的成就，只要数据是真实的，我们的防疫成果一目了然。但这的确没什么值得赞美的，因为问题才刚刚开始。我不想再就各国的防疫手段上的优劣比较，这是没有答案的，各自付出的成本核算不清楚，而且也无法做试验再来一次。但我也非常厌恶各种过度赞美，很多人都快没饭吃了，就这种嘴脸，有什么意思呢？

还有因为这次疫情而流行起来的另一个标签同样低级，叫"恨国者"。要怎么恨一个国家？爱也好，恨也好，一定是具体到人，我都不知道什么叫"恨国者"。难道说提出一些批评，哪怕这些批评可能是不专业的甚至是错误的，就叫"恨国者"？说实话，给个人贴"恨国者"的标签是很无耻的。一个中国人或许不聪明、发言不专业、思维混乱、悲观消极，但是你告诉我他要如何去"恨国"？悲观失望批评不到位就是"恨国者"？要说恨也是恨铁不成钢。

所以，我认为所有的中国人都希望自己的生活能越过越好，这是最朴实的愿望，与此同时，自然也会希望我们国家稳定发展，繁荣富强。

另外，有必要强调一下，所有认为事后分析都叫"事后诸葛"的人们注意了，事后诸葛的意思是，事情发生之后声称自己有先见之明。但如果我们在复盘和反思，这不叫事后诸葛。文盲们如果着急用成语，其实不需要买词典，花几十秒搜索一下词义就行了。

好，那你说怎么办，疫情肆虐，放任不管吗？只要一聊该关心经济了就有这种令人十分费解的疑问。既然这样，说来说去，除了赞美我们防疫模式最厉害之外，是不是剩下的一切都没有说的必要了？

全国上下各地方政府一刀切地严防病毒，核心目标就是不让病毒新增。如果只是要达到这个目的，手段狠一点就行了，成本不需要关心。但是为什么说要考虑经济成本，正因为这件事很难，所有才需要去讨论和解决。既要防止疫情反弹又要有序复工。如果不难的话，还有什么可聊的？那就是一刀切啊，让别国"抄作业"。

我知道说这些对任何形势是毫无影响力的。但对任何个体来说，更全面的思维方式是有益的，对一个社会来说，可以让更多的问题能摊开来讨论是有益的。

非要说有用，那么我是真的希望更多人应该知道，如果有某个地方因为复工而新增了几例患者，我们应该给予宽容和理解，而不是觉得他们都该死，破坏了大好局面。每个人的收入水平和抗击打能力以及因疫情遭受的损失完全不一样，我们不要那么苛责那些着急想出去工作的低收入人群，也不要因为某地区因复工而新增了几例就怒骂就呼吁应该立即停工停产。不要这样，太多的中国人是真的耗不起了。太难了，互相理解一下。

　　这时候，才是真正考验一个中国人到底是否具备强烈的共情能力、自制、忍耐力与行动力了。

反资本主义的心态

-----※-----

在封建社会，阶级间等级森严，一个人的出身基本决定了他的一生。强权下人们倒是习惯了这样的模式。而在资本主义环境下，十年后同桌已是大款，风光无限。不可否认有运气成分，但让其他人难以接受的事实是，大家曾是一个山沟出来的。但人不轻易在自己身上找原因。

成功者总是少数，人却总高估自己的才能。失败者容易自卑，但人性的自我安慰能力强大，不仅为自己开脱找原因，还要为成功者把脉。这时候无所不能的道德上场了，心中有个声音总在呼喊：万恶的社会制度不奖励最正直的人，而是把光荣给了那些投机取巧、剥削劳工的资本家。他之所以失败是因为他的诚实，不屑卑鄙手段。

失败者们需要一个"完美的世界"，他们中的大部分人心中有恨，但对象都是模糊的抽象的东西，是一些他们可能都不大想去搞清楚的名词概念，比如"剥削""资本""血汗工厂"什么的。他们的认知水准已经注定了他们是一群等着被煽动的乌合之众。

过去，美国知识分子对资本主义的仇恨会比欧洲等国家更普遍更厉害。在欧洲，上流社会流行沙龙，这里面有商业巨子也有纯文学作家以及潦倒的作曲家。而且沙龙霸主不是富翁，反而是作家、诗人、知识分子在主导，富人们手持香槟假装听得懂普鲁斯特在说什么。总之气氛文艺而友好。

大家知道美国人没什么文化，但也需要圈子。美国的社交界是富翁主导，作家起码得类似斯蒂芬·金这样的畅销书作家才可能参加。大家聚在一起只是打牌吹牛聊八卦。因此美国社交界与知识分子之间就有了一道鸿沟。社交界蔑视知识界，知识分子因为钱少而鄙视有钱人是满身铜臭味的粗俗市侩。这就很难避免部分知识分子动用自己那灵活不足自负有余的脑袋思索：这个社会到底怎么了，这个世界还会好吗？居然不按照"智力"工作的"真实价格"给予报酬，而偏要优待那些头脑简单的贱工。这就好像一个苦读数十年的博士生毕业后发现自己的收入还不如小学没毕业的女模特一个零头。这时候心理出现不平衡符合人性。

而事实上，正是资本主义私有制的确立让资本逐步完成积累，私有制保障了资本积累的安全性，让大规模的高效率的生产成为可能。物质极大丰富，满足人们的各种消费欲望，社会繁荣发展。

个人能力与境遇的千差万别，贫富差距是必然发生的。但失败的人们总是要给自己一个说法。资本主义制度成了替罪羊。只不过，失败者们不知道的是，就他们的能力而言，他们的所得已经是一个公平制度能给予的最好报酬了。

换位思考,可以理清很多问题

现在不少人自己在淘宝上卖东西,作为卖家,自然是希望价格能越高越好,虽然这只是希望,实际上价格肯定不是自己希望的结果。但如果某样东西明明1000元有人要,一项政策却规定你不得高于800元出售,作为卖家你是高兴不起来的。但各种产品出台限价政策的时候,很多人却忘记了这一点,以为这对自己是利好消息。其实结果只会让东西更少,价签上的价格可能被限额了,只是要付出更多看不见的成本才能得到它,或者干脆就买不到了。举个极端的例子,若限定每辆车的售价不得超过1000元,谁有信心自己能买到?

还有一种限价政策是对买家的限制,必须不能低于某个价位购买。大家都是消费者，假设你在市场上买东西，一样东西原本市场价格也就800元或1 000元不等，现在政府规定最低不得低于1 500元购买，你作为买家肯定气炸了吧。最低工资制度也是这么回事，它规定了企业聘用员工时，开出的工资最低不得低于某个价位。这时候很多人都对此表示欢呼，从不曾想过这其中的逻辑。

一个能为最低工资制度欢呼的人，通常不是刚毕业的大学生就是处于底层的应聘者。对那些找份高薪不是问题的人而言，可能都不会注意到这样一个政策。而用人单位在无法规避最低工资制度的情况下，只能在预算范围内削减招聘人数。也就是说本来企业可以花3 000元招两名某职位员工，现在最低工资是3 000元，企业也就只能雇用一名了。对这份工作的要求也会随之提高，从入职门槛到工作内容。那个为之欢呼的大学毕业生也就只能继续在家待业欢呼了。

如果可以通过规定价格改善人们的生活水平，最低工资订到年薪百万，我看也不算过分。携全国人民一步跨入衣食无忧的境界。有人说这太极端，总有个合适的价格。是有合适的价格，知道这种当下合适价格的是市场，而不是在办公室喝茶看报纸的人。如今的那些干预价格的政策都是在走回头路。

除了价格问题，另一个应换位思考的是歧视问题。某单位需要个图书仓库管理员，工作内容涉及搬运以及图书安全，因此招聘书上更为详细地指出需要一个壮男。有些内心脆弱的人因此受不了了，认为这是对女性的歧视，凭什么认为女性就干不了这份工作！如果政策强硬不得如此招聘，要用人单位不得要求性别，结果只不过是让很多女性应聘者去为这份永远得不到的工作浪费了时间和精力做准备，也让用人单位耗费更多时间去面试女性走个形式应付一下。

某咖啡店招聘服务员强调谢绝某个地域的人，熟知美国文化的人就得意地跳出来要求法律管一管了。一个公司招聘前台要求相貌出众的女性，对其他女性和所有男性是不是歧视？让我们诚实一点，你是老板，如果不想招个凶神恶煞的男人当前台，是不是歧视？

人不能总站在应聘者的角度看问题，试着假设自己是用人单位，可能会有不一样的感受。找工作是个自愿的过程，谁也没比谁弱势。而且歧视不代表这么做对企业而言就是正确的选择。咖啡店无缘无故公开歧视某地域的人，结果可能就会遭到很多人的唾骂，甚至是抵制。这对企业形象是灾难性的影响。但如果法律出面强制干涉任何企业的招聘条件，这就不对了。

如上所说，一个执意不想招聘某地域的人的老板，招聘书不强调，只不过让许多人白跑一趟，企业多走走形式罢了，结果不会有什么不同。除非法律硬性规定，企业必须要有若干个某地域某民族的员工。

人们在生活中为了节约判断成本，会有各种自动形成的粗暴印象归类。比如地域上的，河南人×××！东北人×××！福建人×××！还有学历、长相、收入等归类，这都是无法杜绝的现象，也是有成本的，会随着整个社会文明程度的提高而不断改善。因为信息越畅通，人们交流越密集，每个个体受到的约束越大，不会胡乱透支自己的信誉。强制出来的表面公平，侵犯公民财产权，且结果徒增成本激化矛盾，不会有什么大进步。

独立是独立了,但不思考

从历史和经验出发的惯性

经验是什么?经验很多时候是管用的,因为自古以来都是这么干的,或许有效。至于副作用,以及背后的原理(因为很可能只是安慰剂效应),暂时可能是不清楚的。但是经验的最大问题是,可能会随着环境的变化(包括技术的发展和人的观念的变化)而彻底没用。

再说社会伦理方面的经验。当然,经验是个巨大的词,放在具体的事件中可能是习俗和传统,又或者是某种百年传承的教义。古时候拿个孩子祭天算是一种,为什么?哪里能问为什么，大逆不道了，千百年来都是这么干的，可能是祈福，可能是求雨，可能是保一方平安。非洲一些部落给所有女人做割礼，极其残忍，当地人觉得理所应当。如果其中有女性察觉到这件事有问题，除了跑路，一时没办法战胜一个群体的愚昧。但多数人在这样的环境里长大，是认同割礼的。那为什么说人家愚昧？如果是写进法律的规定，那这样一个问题就不仅仅是愚昧与否之争，而是"意志上的冲突了"。

冲突出现了，就需要思考到底是哪里出了问题？我们就拿女性割礼这件事来说，一个女人凭什么必须经历这样的遭遇？为了全族的利益还是只对传统的尊重还是别的什么理由？任何理由的成立都会为集体中其他个体未来可能遭受的迫害提供正面案例。举个例子，假设有一天族人又酝酿出一项新发现，把除了族长以外的所有男人都阉了才能保证更稳定和持久的和平呢？类似的还有当年英国人必须交出初夜权这种事。

欧洲人在数百年的经验中都只见过白色的天鹅，所以，在他们的观念里，天鹅就是白的，直到有一批人在澳洲见到了黑天鹅。

经验和历史中的相关现象以及因果关系

鸡鸣天就亮，黑人篮球打得好。这都是我们看到的。那么是否可以总结成规律：因为鸡鸣所以天才会亮；因为皮肤黑，所以投篮准。你是不是觉得很荒谬？但是在很多时候，人们就是这么看问题的。

先说个大一点的，中国过去这几十年的经济腾飞，是因为什么？这是个长期争论的话题，两位经济学者的知名争论。我这里简单说一下。

许多经济争议的根源其实是认识论的分歧。经验主义视角下，才会有所谓"产业政策好""高税负高增长""国企做得好"这类思考。一旦从先验论出发，这些问题就会体现得很清楚。这类思考可以类比一下，有个烟民活了100岁，一帮人兴奋地发现了长寿秘诀：多抽烟。

仅仅从历史经验出发，当然可以归纳出你想得到的任何结论。如上所述，天亮是因为鸡鸣，长寿是因为抽烟。

独立是独立了，但不思考

"独立思考"这四个字很流行，但跟很多词一样，很容易被误解。哪个人是别人代替思考的，都是在独立思考吧，从纯生物角度看，目前尚未有技术可以代替别人思考。脑袋肯定是自己转的，但并没有思考。或者说暂时并不具备基础的逻辑思考能力。为什么如今一个正常人都不会同意天亮是因为鸡鸣，却总能自信地说出那么多昏话？应该还是看得少，想得少。人们知道了鸡鸣和天亮只是相关现象并非因果关系，那是因为这已是普遍常识。知道这个常识（一个结论）和日常思考问题的习惯是两码事。

另外，聪明与否实际上跟学会独立思考是不冲突的。有人坚持个人主义原则，但爱喝中药热衷养生，这有什么问题呢？类似的转基因话题也是如此。科学的问题还会持续争论，得到共识可能还需要不少时间。在涉及个人喜好和选择上我们不去判断谁的选择更聪明，自己做主，自生自灭。坚持独立思考根本的好处在于，自己的人身财产自己做主，并能形成共识，这样才可能让所有人都能朝着更自由的方向去生活。

对多数人而言，情绪远胜过理性，那些屡屡成为爆款的文章，只要让人觉得说中了内心的委屈，产生了情感共鸣也就差不多了。还什么独立思考，算了吧，饱含热泪，叹口气，跟着分享保持队形。

大家请放心,阶层没有固化

今天突然想起曾经的两篇爆款文。第一篇比较久远了,得有十几年前了,叫什么"我花了××年才能和你坐在一起喝咖啡"。文章不用太细看,标题基本把要说的说完了。

每个人出身都是独特的,什么样的父母,什么样的成长环境,没得选。在这个地方没办法要求所谓的"平等",永远不可能的。即便是曾经全民皆贫的大锅饭时代,父母和父母还不一样呢,而父母对孩子的影响又是巨大的,因为没有什么教育比家庭教育更重要了。

如果说这篇"喝咖啡"毕竟还算是一次艰辛逆袭成功的故事,几年之后又一篇爆款叫什么"寒门再难出贵子"就显得非常悲观了。依然是耸人听闻的，极容易激起情感共鸣的标题。

到了最近，"阶层固化"这四个字流行起来了。只要有一篇文章大概表达了如今阶层正在固化，穷人几乎没机会的观点，大多会被刷屏。每一次赞同分享的背后都是听不见的黯然叹息。自哀自怜是最容易给自己的各种不足开脱的，一切不顺的理由都找到了，很无奈，人生啊，认命了。

写到这里，恐怕已经有人会误会我是在表达"你穷你活该"这样一个冷漠的观点：难道你没有看到很多时候不公平是政策上的不公吗？我怎么会不知道呢？过去那几百篇文章，有一半以上的文字都是在质疑和批评这样那样的政策。

先开门见山说一下我的观点，即便是依然存在对很多人而言不友好不公平的当下环境，通过个人努力和积累，摆脱贫困让生活变得更好甚至彻底改变命运都依然存在可能。大家请放心，阶层没有固化。

很多中外的学者和媒体人对贫困做过各种角度的研究，其中有个结论是，穷人最大的问题不是穷，而是穷引起的看问题角度的变化。

有一项针对 16 450 个美国初中生的研究，发现社会经济地位较低的家庭里的小孩更容易觉得无助，把自己的成败归因于自己无法控制的外在因素,比如运气或者别人的作为。而社会经济地位较高的家庭里的小孩则会觉得成败受自己影响更大。

这是个很有启发性的分析。有些人觉得:我穷,我不行,环境太恶劣,明天也不知道会怎样,外面的世界更可怕,我有什么资格和能力去应付,人生就是这样,人家有钱……未来都是外在因素左右,在心态上就很容易自暴自弃。一旦长期陷入这样的情绪,人生基本就毁了,因为等于是本人选择了随波逐流,等待外部环境的安排。

功成名就的励志故事听起来离得比较远,每个人都可以认真看看身边的例子,并不难发现,不少普通甚至贫困家庭出来的人,经过十几二十年的奋斗基本上已经改变了自己的命运。考虑到中国改革开放也才 40 年,且真正让全社会开始进入奋斗状态的时间更短,这样的例子比比皆是。

如今的年轻人,因为各自父母在过去几十年的奋斗上的成败,带来了更大的家庭条件的差异,这也是近年来"阶层固化"观点流行的原因之一。所以难免有人因此说,以前大家一样穷,感觉起点是差不多的,如今的年轻人家庭环境差距太大了,阶层逐步在固化。

当然不是这样的,今天的环境更有机会才是。以前要出头,只能出去闯荡白手起家，风险巨大，不是谁都具备这样的胆识。现在有了前人奋斗出来的成果，大大小小的企业已经提供了众多就业岗位在等着大家。至于那些有梦想有野心的人，创业的窗口也从来就没有关闭过。

有个针对《青春大丈夫》的评论我很喜欢，大意是说，这本书他最喜欢的地方是吴主任本人就是从一个农村小地方奋斗出来的人，都是大实话。

是的，在世俗意义上我还远谈不上是什么"成功人士"，可能未来成功对我而言也是小概率事件。但在个人意义上，跟过去的我比，我是有些成长，见识、眼界等各方面都比以前进步了很多。

人的苦恼来源是跟身边的人比，跟同学比，跟同事比，跟同龄人比。但是，一个人原本就没必要跟别人比，每个人的出身和成长完全不一样，你怎么比？为什么要忽视这些客观存在的，毫无比较基础的事实？

比如说，王思聪跟我算同龄人，瞧瞧人家，干的都是几十亿的大生意，而我只是个每天上班下班的打工仔。纯粹一点的个人能力比较，王思聪也许不比我强多少。但这么说就自讨没趣了，甚至有点可笑，因为出身和成长过程中的见识积累这些都抛不掉的,这里不应该有幻觉去假设,事实就是,目前的我跟王思聪差太远了。人得承认和接受事实。

而一个心态健康的人只需要关心五年后十年后的自己是不是比现在各方面都更好。这就可以了。

无论如何,不要丧失自我

回忆一下自己是如何长成今天这样,是怎么一步步认识这个世界的?一开始,父母的话就是权威,不许这样不许那样,还不给出理由。再稍微大一点,去了学校,好奇心未必能得到满足,因为学校教育的方式也多以灌输为主。我们在学习,记住了不少知识点(就算那些知识都是正确的),但我们的怀疑精神从未被培养出来,惯例就是,权威不容置疑。

现代社会受益于分工和专业化,很多事情相信专业人士是一种较优策略。然而,这种习惯不好的一面是,多年的教育打磨,导致人的质疑能力逐步退化。今天,一部手机可以联通全世界的移动互联网时代,人们看到的只不过是被允许看到的而已。

大环境秩序井然，稳定安全。如果一个人在家心里慌，打开电视，好消息不断。国外就不那么令人放心，不是爆炸就是饥荒，开个会还揪头发摔椅子，十分不得体。眼见为实，对比有说服力。人们就是从小到大，从家庭到社会，被这样的"表象"环绕，一切都很好，不好也是个别不好。什么质疑精神？无从下手。

政策都蛮合理的，是当下最优，也得到了诸多专家解释论证。冷不防还能有人给你来一句"存在即合理"。如果有意见，收获的评价往往是：幼稚的外行，缺乏大局观。而且有意见可以啊，我们是允许的，但声音不能太大，第二，影响力这个东西有隐形牌照，得按要求施展影响。

常有人问，为啥中国的传销一类的组织这么猖獗呢？不少人家里都有不听劝的父母，中了邪似的。因为我们很早就在失去质疑精神的过程中也失去了自我。生活多么无聊啊！归属感让人踏实。

很多人意识不到，他们自己也没比陷入保健品传销组织的父母强多少，也是为这样那样的组织狂热，只不过看起来不那么明显地扔进一笔钱进去而已。拥有某某品牌的玩意儿感觉到自豪，因为加入某某粉丝群感到温暖。仔细想想是不是一类症状？

有人要发财，有人要长生不老，有人要改变世界……他们很快就找到了各类组织，组织给了他们精神上的绝对力量，日子过得苦是应该的。各种大小的组织，口号动人心魄，所向披靡。这期间的乌合之众都是些什么样的人？老实说，"骗子带傻子玩"，骗子目标清晰而具体，大多是人精。被骗的人主要有冲动的学生、郁郁不得志的底层，好高骛远不甘平庸，都是最容易被某种理想主义掳获的群体。大型事件的参与感，身为理想组织的一分子，莫名其妙的骄傲感是支撑狂热的永动机。

人的确需要一些存在感，越弱的人越需要。虽然平时无人理睬，然而一想到自己有幸能参与到一项无比崇高的事业中去，怎能不赴汤蹈火？而且操作起来毫不费劲，精神上瞬间的伟岸只需要追随，自己终于不再卑微。如今互联网上的所谓社群，多少都带有这种理想主义。

盲目认同权威、情绪用事……这些行为有明显共同点，丧失自我，失去了质疑和批判精神。不要问只要信，不要问只要感动，建立了一种可持续的精神高潮。

当个正常人类实际上并不难，保持警惕，多看多思考。一切洗脑之人、事、物，包装得多么感人多么热血都经不起逻辑推敲。

不是为他人，而是救自己

前段时间有篇说我们都在一条船上的文章非常火，也惹来一些争议。那文章我就不评价了，但标题是对的，我们是在一条船上。相同意思的表达，米塞斯就言简意赅，过去我在一些文章的最后引用，今天这篇文章我们就先从米塞斯的这段气势恢宏的警示开始。

每个人都肩负着部分社会责任，任何人都不能将其责任推卸给他人。如果社会走向毁灭，没人能够安全幸免。因此每个人，为了自身利益，必须让自己全力投身于这场思想战斗。没有人能够漠不关心地站在一旁；结果关乎每个人的利益。无论他选择与否，每个人都被卷入这场伟大的历史性斗争中，这是我们所处时代的决战。

简短回顾下中国经济发展史，没有人会否认是市场经济创造的奇迹。但已经吃饱饭的人们根本意识不到曾经有吃不上饭的日子。吃饭是比任何其他事情都重要的一件事，如果吃饭这种关乎人命的事情只不过是放开市场就得到了圆满解决，医疗、教育就不应该如此艰难。

规划和设计可能是人类骨子里的一种忍不住的倾向，即便是普通人，从来不会意识到吃饭问题被解决只不过是放开市场的结果，相反，任何一件事，人们总是希望有一个全能的充满力量的有关部门规划、监管。如果说闭着眼睛支持自由市场听起来像是一种思维上的懒惰，那么什么事情都希望有关部门监管，是一种彻头彻尾的无脑。

即便完全不懂什么经济学思维方式，也应该在生活中学会从几乎不存在匮乏问题（比如吃和穿）想明白背后的道理，只不过是交给"逐利"的资本家去为市场上的需求提供各式各样的商品和服务。

我比以往更能理解一些愤怒，比如贫富差距，说改革开放只不过让20%的人享受到80%的成果。差距的现实没有人会否认，这也是一直以来试图要搞平衡和再分配的根基。但这种再分配的结果，人们的直观感受是一种平衡，一种基于"公平"的干预，实际上背后是让更多的人过得更糟。

在一个成规模的人类社会，自由市场的结果一定是有些人运气和能力出众率先完成积累，人们只看到富可敌国的成功人士，不知道创业路上的惨绝人寰。这时候喊不公平是一种无知的表现。也就是说，基本上成功的人都特别具有冒险精神，但我们看不到那些同样具有冒险精神的挂掉的人。安分守己的人，过好自己的日子。最重要的还不是这一点，最重要的是贫富差距根本不是问题，马云坐拥上千亿财产，对所有人而言都是好事。换个角度想吧，正因为像他们这样的企业家提供了颠覆性的产品和服务，所以他们才能拥有更多的财富。我们不能光盯着有钱人的钱，不去考虑这是他们付出应得的。

由于每次举例子举的都是这些人们尚能令人心服口服的企业家，所以，把马云、马化腾的例子换成演艺圈的明星，很多人就转不过弯了。那种感觉是，马化腾厉害，建出一个腾讯帝国，那些电视上的小生有啥，为什么能赚那么多钱！这想法就非常狭隘了，只要不偷不抢不骗不贪，劳动所得，一定是人家付出换来的，杨超越不需要会什么，很多人喜欢就够了，你们老家表弟十八般武艺啥都会，无人问津，也就该干吗干吗。喜欢，愿意支持，一切出于自愿，这就够了。偶像们的一颦一笑都在愉悦年轻人，这就是他们的"贡献"。

另外，不管靠什么胜出，能赢得千万人的喜欢是无比艰难的一件事，找份普通的工作容易还是成为明星容易？不言自明。然而由于过去的一波举报，现在演艺圈变得更难了。这不，民意如此，顺水推舟，很快国家税务总局要求各级税务机关加强影视行业税收征管。退一万步讲，如果搞垮你瞧不上的明星能让你的日子变得更好，还能理解，最可笑的是，那些欢呼喝彩的人怎么也想不到，对包括演艺明星在内的任何有钱人征重税的结果必定是让自己的生活变得更艰难。没有比莫名其妙的税更让你我同在一条船上了。任何税都是牵一发而动全身。

人作为市场上最重要的资源是最应该得到合理配置的，改革开放是一次半解绑的过程，相比以往钉死在原地，人们开始前往各地打工，户籍制度让很多人哪怕为大城市贡献了大半生，可能就因为孩子高考，只能回到老家，这还是有能耐的，居然能让孩子在大城市上学，多数人都只能把孩子留在当地，成为留守儿童。人为地拍脑袋给出一个城市的标准人口数字是不合理的,背后的牺牲就是很多被赶回老家的人,其人生完全失去了希望,上千万的留守儿童逐渐在成为社会的年轻力量,他们过去受到的创伤会以某种形式还以颜色。至于时间地点,就不知道了。

说到年轻人。这一代的年轻人,媒体上报道的是"脑残追星",借贷成风,富家子弟不懂赚钱不易,普通家庭的孩子在今天一分钟就能让贷款到账的时代,也跟风提前消费。而更穷的家庭,也能在一些强刺激的游戏、直播、短视频里得到抚慰。当代年轻人面临的诱惑是前所未有的,但不意味着以前的年轻人就多么出息,也有许多人无所事事,打牌喝酒闲聊居多。只不过确实不曾有过如此方便的借贷消费,就在这种情况下,他们还要面临迎面而来的老龄化社会。

我这不是在危言耸听,年轻人有足够的时间来犯错,但时间是有限的。不管从哪方面批判互联网,都无法回避它只是一个伟大工具的事实。你可以用来沉迷游戏和短视频,但你也可以用来学习和研究。就获取知识和资讯来说,从来就没有如此方便过。前提是,在某个时候想清楚了,自己应该看什么,而不是等着别人喂到嘴里。杀时间的东西越来越多,让静下心来的积累变得极其困难。

连一些基本的是非观念都变得淡薄了。一个人如果亲眼见到门是如何被锁上的，即便他无能为力，他也知道自己正被困在牢狱中，但如果一个人一出生就在室内舒服成长，他不会意识到自己是囚徒。现在的很多人在享受着自由市场带来的繁荣与富裕，不仅不知道社会繁荣发展的核心原理，要是每天只是娱乐至死，会以为这都是有关部门管出来的成果。每次出事，他们更加没安全感，就会更强烈呼吁监管。

年轻人的观念无比重要，而且每个人每天都在影响着身边的人。你的一言一行，你朋友圈分享的东西，在网上传播的东西，都代表着你的看法。这里所说的观念并不是哪部电影更好看，哪首曲子更悦耳这种审美上的意见。性格、审美、偏好这些不可能也不应该人人都一样，那是违背人性的。每个人都是一个独立完整的世界，世界理应丰富多彩。但若你也希望生活在一个安定繁荣的社会，权利、自由市场等观念你必须认同。这些是非观念不应该有分歧，就好像杀人抢劫是犯罪等侵犯行为不应该有其他意见。但是很遗憾，有多少人是在传播坏观念。他们完全没有意识到，有一天自己生活变得更糟糕了，跟他们日常的这些欢呼和泄愤是分不开的。

每个人都很无力,所以持有一种正确的观念,支持自由市场,支持私有财产不得被侵犯,明白了,那又能怎样?这是很多人轻视观念力量的常见困惑。实际上正是众多的你我组成了我们,而我们的主流观念却是根本性的最强大的力量,最终决定了未来的方向。

而你和我组成的我们传播分享什么样的观念决定了整个社会的走向。大家是一条船上的,如果船沉了,就全完了,这不是为他人,而是救自己。

无知和无耻

以前有个朋友,广东人,热衷煲汤养生。谁要是身体有哪里不舒服,她都能给开出一剂调理药方,加了某些常见草药的汤,都是传说中的经验。对强硬的反中医人士而言,我的这位朋友是无知的。当然,在热爱中医养生的人眼里,否定中医的人同样无知。

因为不存在全能全知的人,所以任何人在某些特定领域必然是无知的。即便看起来是某些专业领域的专业认识,回顾历史也会发现惊人的"无知现象"。公元2世纪,欧洲的医学先驱都在鼓吹放血疗法,并把水银当作长生不老药。这是当时的"专业意见"。这些疗法的本意是治病救人,是当时最先进的医学认识。

根据曾研究过放血疗法历史的作家杰瑞·格林斯通（Gerry Greenstone）的记载，本杰明·拉什（Benjamin Rush）医生就曾以"多次大量给病人放血"著称。1700多年来，大量病人丧生于使用这种疗法的医生手下，这并不是因为医生缺少智慧或同情心，而是因为他们根本无法意识到自己治疗方法中的缺陷。

"放血疗法"持续了上千年，直到19世纪还被认为是一种正确的治疗方式。你可能会奇怪，为何人们的认知居然停滞了上千年。原因既简单又深刻，患者康复，放血疗法有奇效！患者挂了，遗憾，患者病情太严重，就连神奇的放血疗法都救不了。无话可说，放血疗法完美地立于不败之地，千年不倒。

现在我们知道了是因为当时的人们缺乏科学的思维方式。做个简单的临床试验就可以解决问题，平常的生活里用不到临床试验，但科学的思维方式是有必要了解的。中医西医哪个好，长辈说中医好，科普达人说西医才是现代医学，电视广告说中西结合最为美妙。我觉得还是说服力的问题，就是各方意见你都听。作为一个完全不懂医学的人，我无法被中医说服。中医的治疗方案的逻辑总是让我想起驰骋了上千年的放血疗法。所以，我更信赖现代医学。

但我能理解有时人们选择中医，特别是上了年纪的人热衷养生，可能仅仅是为买个内心踏实。科学显然不能凌驾于自由的伦理，喜欢中医的就去选中医，喜欢靠冥想或者练功治病的也都是个人自由。但这不妨碍信与不信的两拨人互相在心里觉得对方愚昧无知。

我有个前同事，在公众号兴起的几年前，快速切入市场，搞了个什么"老中医"还是"老军医"，反正就这一类的公众号吧。我们这片土地，养生市场生机盎然，土壤肥沃，此人推广一堆养生和中药广告，以风卷残云之势收割无知。而且他本人根本是不信中医那一套的。当然，我并不觉得这其中有什么错，只不过相比之下，我那信中医的朋友显得分外可爱。

人在知识领域拓展越广阔就会越明显意识到自己的无知。无知不是什么丢人的事。我们能懂的领域就那么点，一路走一路上当一路学。换个角度看，我们很多东西不知道也并非全是坏事，否则全能全知的结果是丧失好奇心，生活变得索然无味。

在一些不可抗力面前，谁也没办法，所以怂恿别人勇敢地去当炮灰是不道德的。但你知道，那些以各种"神圣"名义打砸抢的，我倒认为恰恰是一开始的无知引起。当然后面的无耻举动，就不仅仅是无耻了，是犯罪行为。

人类这百年来，对世界的认识有了翻天覆地的变化，作为整体，人类如何摆脱诸多领域的无知，是靠科学的思维方式吗？从放血治疗到临床实验，看起来是这样的。但这是结果，不是原因。原因依然是市场的竞争。放血疗法不管持续了多久，在临床试验出来以后就迅速瓦解了，两者之间，人们迅速做出了选择。虽然这个过程应该是持续了一段时间，地球上某个角落的某些人依然坚信放血疗法的有效性。这都可以忽略不计。

生活中，每个人的认知都是极为有限的，又能如何顺利享受当代生活，当然是市场竞争的结果。买什么车买什么数码产品，多数人完全是懵的，但不要紧，这是企业必须面对的任务，讨好消费者是立命之本，普通人根本不需要懂，商家会想办法让你懂想懂的部分。

因此中医西医之争，只需要做一件事，就是让市场去检验。喜欢中药的喝吧，是自己选的，西医同样需要更有说服力的疗法争取用户。同样的道理，思想也是如此，我说的东西对不对，并不是我说对就有人听，解决的唯一办法就是思想的竞争，有更自由的空间。而权力的介入，禁止，必然导致更多的无知和灾难。

就独立个体而言，无知是人自己的事，人畜无害。若无知配套权力，就会造成灾难性的后果。这就是上面说的，凌驾于自由伦理之上的自负。

自由的环境比什么都重要。谁更厉害，市场会及时反馈。权力若能适度解绑，群体的无知也不是问题，因为人的趋利避害特性会快速调整，竞争是解决无知的最好办法，也是消灭无耻的长效机制。长期来看，市场是不会让无耻之徒有长远发展的。当然，对个人而言，他们可能并不需要长远。而且如果这个长远放到一个国家的发展历程，确实需要一段时间。但这不重要。

无知的人可以在学习和交流中成长。无耻的人，一定要远离。快速识别无耻之人，这种嗅觉是当代生活的必要能力。不能抱有侥幸心理，身边有个人品糟糕的人，后患无穷。

人这一生不长不短，说长挺长，说短确实就是一转眼。如果不是活不下去了，又或者面临某种不可抗力，选择当个无耻之人，是对自己生命的一种极大的不尊重。是可以捞一笔，甚至捞不少，但某种程度上是智力问题，下贱又可怜。

是教育使人愚蠢

"人生而无知,但是并不愚蠢,是教育使人愚蠢。"(伯特兰·罗素)

如同所有名言警句一样,没有上下文,直给。光凭这句话会觉得很奇怪,人都要接受教育,而且教育很重要。为什么说是教育使人愚蠢?

我看到这句话时,倒是想起之前经常强调的,原本很多人都能明白一些很朴实的道理,直到他们去了学校接受了教育。看起来当年英国的教育也存在不少问题,以至于罗素会说这句话。

一个正常的普通家庭出生的孩子,从小父母能给予的一些基本的做人道理无非是：注意安全，不要欺负别人，欺负人不对而且你有被打的风险，要努力，钱省着点花，做生意有风险，杀人偿命、欠债还钱，诸如此类的生活小贴士，是无数父母活了大半辈子沉淀下来的经验。

一点也不神奇，每个人都听过。

我们假设有一群没有被未来的学校教育搞坏脑子的人聚在一起。他们可能很无知，很多知识都不具备，比如可能卫生的知识就不过关，抽象的知识更不行，只能听懂一些神话传说，无法理解的现象，听说有神灵，那就拜一拜。

但他们懂得要活下去就得工作，去抢可能得不偿失，别人并没有义务一定要帮你。同样的道理，别人也不能抢你的东西，抢你你就要反击。你到了生儿育女的年纪，结婚生子，要生几个都是自己的事。如果这里不太好，你想去哪里生活都是自由的。如果有钱，你可以买很多东西，吃的，穿的，还可以多买几套房子……

在一个平行空间里，这些人接受了义务教育。知道了饭前便后要洗手，听说地球上最高的山峰叫珠穆朗玛峰……总之不那么无知了，脑子里装满了很多知识。

但有些人变愚蠢了。

例子不胜枚举，一切要求政府管一管的声音遍布生活的每一个角落。一切的一切，伴随着每一条社会新闻里的愚蠢的评论。

我就说昨天的一个新闻，看看这些接受了教育的人是怎么思考问题的。

新闻是这样的：

补习双巨头或遇教师荒　半数教师被指无证上岗

新东方和好未来教师"无证上岗"普遍，补习热度不减；培训机构整改进行时，今年未能取得教师资格的，培训机构不得续聘从事学科类培训工作。

在这些人眼里，一个培训机构的事业属于教育事业，所以也属于公共事务，所以必须有政府来管一管什么可以什么不可以。

而我认为一个正常人，也就是如上所述尚未被教育搞坏脑子的正常人只会认为这是培训机构的事。俞敏洪怎么管理自己的学校，请什么人去教书，制定什么标准，都是他的事。他就是请一群老家文盲亲戚也是自己的事，可能新东方不打算干了。退一步说，在这方面谁更专业？事实上，任何培训机构若真想长期经营，都会严格把控，因为人们越重视教育，就会越挑剔，培训机构要赚钱就会想办法让人放心。

无知不可怕，可怕的是愚蠢。尽管有些人天生固执，因为接受的教育和大众媒体的声音导致他思想上不可能有所转变，但可喜可贺的是，另一些人可以，他们可以因为接触到新的观念从而再次审视一下过去愚蠢的自己。

前些天美国"9·11"事件纪念日，很多人说起当年像个傻子一样为"9·11"欢呼，感到无地自容。很多人想起曾经也是抵制日货的排头兵，羞愧难当。这些都是进步，或者说解毒成功，变回一个正常人。

接受过教育的你我，逐步变成一个正常人，每个人都必然有这样的过程：当年我们是多么愚蠢。

这篇文章以一句名人名言开头，那也以名人名言结束吧，挺诗人的。

"世界，大约是不堪拯救了，但单个的人总是能被拯救的。"（约瑟夫·布罗茨基）

你以及你身边的每个人，都是单个的人。

饭碗捧得越久，人废得越彻底

林子大了什么鸟都有。有人的地方就有江湖。这两句烂俗的话你可以不爱听，但生活的真相我们没必要回避。人是社会动物，很少有人能在工作和生活中做到不与他人接触。能以和为贵是最好的，但有时环境恶劣，以至于最优选择哪怕只是离开，都难免得罪一些人。不过话说回来，能有离开这个选项实属不易。

以往，个人最大的价值是服务于集体。几乎不存在"个人"这件事，一个人除非要自断后路，再痛苦也得熬。规规矩矩，任何不满和委屈，自己嚼碎了咽下去，慢慢消化。改革开放前，人被牢牢锁死在本地，伟大的梦想，天大的本事，没用，老老实实服从生产队安排。

那些当年手捧"铁饭碗"的人，吃喝住行都在厂里。双职工吃喝不愁，还有退休金。相比农村人，处境是好不少，仍然也只是伙食好的笼子。这样的环境，个人能力不重要，个人也没必要发展更多技能。

规则决定了人对待自己生活的态度，先知先觉的少数人除外，多数人都被后来的下岗潮吞噬，物质生活和精神世界都遭受了剧烈冲击。当然，就算一辈子把这铁饭碗捧稳了，稳到退休，一眼望到头的人生，多数人在年轻时已经在等死了，饭碗捧得越久，活得越得谨小慎微，越离不开。

我们这一代人比较幸运，幸运地赶上了就业时有得选的好时代。同时，我也庆幸自己的坚持，不知为何，身无分文，连一份工作都没有的时候，我也不曾羡慕体制内的工作。迷茫颓丧了好一阵子，兜兜转转，后来我总算进入了一家还算比较大的互联网公司，我父母还试探性地问，要不要再考虑一下考个公务员？

我理解他们是为我好。在他们的认知里，安全和稳定非常重要。那个年代过来的人，目睹了体制外的生活艰辛。相比之下，他们身边那些在体制内的人至少看起来如此惬意，那是

"坐办公室的"，诸多不可思议的福利，一辈子稳稳当当……

不能否认几十年来，社会有了巨大进步，这体现在个人有了更多的自由。拜市场化所赐，个人的价值可以通过自己的努力和付出有所体现。

出生在什么样的家庭是命，不存在同一起跑线。对这种既成事实，任何的抱怨没有丝毫的益处，但自由市场赋予了努力奋斗最切实的回报。这种"可能性"很重要。这种环境的评价体系里，在运气之外，能力决定了你是不是可以过得更好。

个人自由越有保障的社会，每个人才有更多可能性，朴素的价值观不会被权力扭曲，人才活得更像人。反之，当权力无处不在，个人自由被限制，这种环境自然诞生了其固有的游戏规则，人还是原来的人，但人性之丑恶之虚伪也就成了主角。

人的价值只有在可自由流动的环境里才能更好地最大限度地体现出来。

因减负吵成一团，
说明大锅饭式教育深入人心

今天看到一个文章说教育减负的，说了自己的经历，但基本上开头就是全部。这篇文章的开头是这样的：

> 如果谁一直坚持要给公共基础教育减负，他就一定是个坏胚子。如果中国缺少扎实的公共基础教育，阶层固化真的非常有可能会加强。

后面就是作者自己的例子了，农村出来的，因为高考制度让她有机会考上名牌大学，改变了命运。作者认为减负会加强阶层固化，未来就是拼钱和拼关系了。

听起来是有些道理，不然也不会有 3 万多人次的分享，可见广大网友很生气，感觉到教育的公平已经因为减负受到侵蚀！有些着急。正好，我也是农村出来的。我们不如一起回顾一下过去的教育是什么样的吧。

不要过于美化过去我们接受的教育，在讨论教育问题时，不能忽略时代和经济发展导致的环境发生的变化。

义务教育就是国家出钱，所有人都有书读，这在很大程度上以极高的效率解决了一个普及初级教育的问题，就是识字和算术。20 世纪 90 年代左右，大部分人都接受什么教育呢？也许你我在内的很多人会因为从农村出来到如今生活在城市里有一份还不错的工作导致了一种幻觉，觉得我们的教育很厉害。

显然不是这样的。大量农村的中小学教师都是什么水平都不用数据说话，很多都是当地的又或者隔壁村识字的人，就是"硬着头皮上"。我读书的时候还有师范中专生，也就是初中毕业之后再读两三年出来就可以当老师了，辐射中小学没问题。公正客观地说，这些人的水平完成初级教育问题不大，教人识字和算术，若是要求英文发音标准简直有点过分了。就我们福建那地方，老师能把普通话说标准了都会被当成怪物。至于数理化，是我们的强项，因为本质上就是做题，见招拆招，题海战术，足够勤奋做全了所有题型，不考满分就是有点故意骄傲。由于这个机制是如此机械，所以老师教起来其实不难，根据教案能把解题过程在课堂上呈现大致就算是不错的老师了。

这一点我不是跟你们吹牛，大四时，为了赚点零花钱，我当过初三学生的家教老师。一开始很陌生，但是把数理化教材翻一遍，重温那些公式之后，每一道题目都显得非常简单。用现在的话叫作套路。反正我名义上是去教数学，其实除了语文，我什么都可以教他。

从整个基本面上来说，我们的教育大致就是如此。说得难听点，会做题本质上是一种技术活，熟练工。也就是说我们的义务教育最高成就也就是培养了一群"做题工"而已。至于严谨的逻辑，发散思维，想象力，思辨能力，表达能力，审美情趣，对自然科学的好奇心等等，这些高考又不考，没必要。

就是这样一个大环境，我们有个相对公平的高考筛选机制，筛出来的是做题高手而已。实际上与如今我们发自内心认同的教育有不少差距。或者如果当年我们什么都不懂，如今尤其是当了父母的人，应该不希望自己的孩子在高考之前只会做题。我们知道，这不是教育的胜利，这是一种特殊背景下的一次找不到更好办法的筛选机制。

是当年我们的父母完全不重视教育吗？不是。父母们刚刚从大锅饭时代过来，正在抓紧改革的机会埋头赚血汗钱呢，读书花什么钱，没见过。就算听说那些城里的有钱人花大钱去学习这个那个的，也只能表示羡慕，不是不想，而是没钱。多数家庭就是把孩子扔到已有的义务教育里，然后期待着高考能改变命运成为大学生，毕业之后再考个公务员，女的呢去当个老师什么的最稳妥了。一辈子稳当了。是不是这样想的？几乎都是。这不怪他们，他们的经历造就了这样的眼界和认知。

经济发展了，更多人去了城里，开阔眼界，见了世面，这些人有了孩子，已经不会再满足于此了。这也就是为什么如今针对孩子的教育市场如此巨大的根源。这一点从线上线下都能察觉到。如果不是有这样的市场，就不会有这些现象。那么公立教育怎么改？其实怎么改都无法避免一个事实，家长会想办法提供他们自己认为值得投入的教育。也就是额外的金钱支出，当然还有时间的投入。

当年的义务教育，科教兴国战略的一部分，快速把文盲率降低，让人们能识字阅读和算术以及基本的思考，这是义务教育的成绩，但这不等于优质教育的全部。换句话说，即便教育依然照搬过去几十年的模式，做题，做更多题，参加高考。先不说整个中学期间依然只学会了做题，能改变命运吗？难，今时不同往日。

如果我们把过去几十年来，从恢复高考算起，将高考改变命运有效性的轨迹做成一条线，很显然是一条右向下曲线。从最早的考上大学就包分配，到考上大学几乎等于有工作，再到如今考上大学也就是考上大学，只不过有资格投简历了。一是大学生太多了，人人都改变了命运？不可能吧，只是改变了学历而已。另一个是市场对人才的需求不再仅仅看学历了，而是更实际的多方位的能力。这一点，别说义务教育阶段的启蒙了，我们的大学教育都没怎么教。

现在的家长早就有了自己的算盘，也同样有自己的局限，毕竟孩子的教育最根本的影响依然来自家庭教育，包括家庭愿不愿意出钱，让他接受什么样的教育和培训。也千万不要觉得以前比较公平，以前能进事业单位的国企好岗位的你以为是农村打拼出来的你？恰恰相反，要感谢这个时代可以拼真正的能力而不是学历。

说点实际的吧，普通家庭的孩子怎么培养？

首先不管什么家庭条件，先把心态摆正了，你的孩子大多是你我这样的普通人。初级的教育不必担心，识字算术总不会比以前差。重要的还是培养健全的人格，还有一些朴素的做人道理，比如节俭、勤奋、上进。剩下的也是最基本的，就是一个人的谋生技能。三百六十行，随便一样他可能会喜欢上的技能，这需要家长孩子共同发现和引导。

做好这些需要的不是学校，而是每一个家长自己。如果孩子未来能成为一个了不起的人，大多是运气，但也不得不说跟来自家庭的正确的爱和教育有巨大关系。

我们要逐步学会适应当下环境和看清未来大趋势，要知道目前教育的问题根本不在于减负与否，高考也越来越无法跟改变命运挂上钩了。完善的人格，谋生的技能，才是值得更多家长投入关注的。减负不减负并不是重点。

人和观念也就随缘吧

人们以为的好运气不外乎出生在富贵人家，又或者在穷困潦倒之际突然听说自己继承了远方表舅的一座城堡，彩票中奖，创业赶上风口，等等。大多是跟金钱相关。

钱很重要，生活里我们谈责任和自由的背后实际上谈的也是钱。对钱的渴望也比较直观，但把运气仅限于飞来横财就过于狭隘了。

有什么样的父母，遇到什么样的老师，碰到什么样的同事，结交认识了什么样的朋友，无意中看到了什么书，获得了什么启发……都是运气。

听起来有点像是七分天注定，三分靠打拼。承认运气在生活中的重要性对人的心理健康也有一定作用。正确理解运气，不会对自己的处境过于自责，归咎于是自己不努力所以活该。从整个社会的角度，人们也应该明白，很多人并不是不努力而让处境变得艰辛。原因有很多。但与此同时，你若稍微仔细观察身边人的生活状态，就会发现另一个事实是，有不少人确实早早自我放弃，混吃等死，但给自己的安慰是：嗨，人生都是运气。

我们把跟努力没有直接关系的环境因素统称为运气，其中有些完全无解，有些则不然。比如一个人成长在农村贫困家庭，这没法改变，但他若是想要改变自己的命运，比努力更重要的是选择去哪里奋斗。又比如一个人在学校里非常不适应，学习成绩很差，被老师忽视，自我怀疑自我贬低，是一种人生；但如果有人告诉他，只不过是学校的那些标准化考试并不适合他，要学会去寻找自己更擅长、有激情投入的事情，若他能有机会意识到这一点，也许会成就另一种人生。

从这个意义上说，运气可以改变。当然跟风水大师嘴里那种改运不一样，这里说的让运气变更好，需要眼界以及正确的观念。

说个我自己的例子吧，回想起过去的愚蠢也是历历在目。

十多年前，我大学刚毕业，厦门几千的房价在我眼里已经高不可攀了，我一脸疑惑，这得赚多少钱才买得起啊！当时只要看到那种说中国房价存在大量泡沫的文章，就觉得十分有共鸣，没错，都是炒出来的。看到骂开发商的文章我在心里也是暗暗点赞。有个专业名词叫"验证性偏见"，它是指一旦人们认定自己判断出的原因，就会下意识地尽自己所能证明自己是对的，而不愿去了解真正的原因。幸亏那时没有社交媒体，否则我必然丑态百出。

今天的房价大家都知道了。当年的我对房价的判断依据是什么？其实很可笑，第一是自己的和身边认识的人的收入水平，第二，一些迎合大众情绪的文章。这种文章能在包括当时的我在内的一群愚蠢的脑子里有巨大的吸引力，在于有专家背书。看这类文章的时候哪里有思考，只不过是立场为王，站在一条线上就行了。用一个成语来说：一厢情愿。因为这种情绪上的不甘心和收入导致的某种不公平感，彻底没有了稍微理性的逻辑思考。房价的问题特别简单，一句话，供求关系在快速城市化和超发货币这两大背景之下的变化。

如果问题是今天哪个城市的房价是涨还是跌，有些算命的会告诉你他们的答案，我不是算命的，没法回答，因为跟未来完全无法预料的政策有巨大关系。但毫无疑问的是，不管自己喜好与否，人口聚集的趋势不会变，大城市的住房需求就是旺盛，一个模糊但不会错的结论是，只要经济不出现意料之外的恶化，长期看，大城市的房子的价格是稳的。

我认为十几年前，有些明白人是完全能预期到今天的房价的。很少，但一定有。他们有知识储备和经验，单凭直觉都能知道房价被严重低估了。你说我当年要是也看了这些人的文章我会怎么想，会觉得非常有道理吗？不会的。因为情绪上不允许，觉得对方不过是在胡说八道。这就是知识结构和眼界不同造成的。没辙。

当然，通常年轻人都没钱，就算知道了未来的趋势，在当时也买不起。但这不是重点，比较重要的是人应该逐步学会拥有一种更冷静的、敢于接受现状的、务实的看待世界的方式。至少要知道我们都很容易陷入"验证性偏见"，这会导致我们作出比较糟糕的选择，最后会被归为运气不好。倾家荡产的赌徒们一定觉得是自己只是运气不好。

观念也好，或者叫理念也好，涉及的不只是宏大的社会问题，具体到个人日常生活也是如此。几乎所有人都焦虑迷茫过，没有的人才不正常。但是如何应对焦虑和迷茫是需要通过认知解决的。急于求成是人类的通病，也是造成焦虑的一个重要因素，别说赚快钱了，就说读书和学习，畅销的总是那些神秘速成法和各种绝招。上当受骗不奇怪，只是认知缺陷。

我得承认运气不错，十年前有机会碰到一些不错的作者、一些不错的书，并恰好有个机会不得不耐心学习。有关自由意志的理念跟今天没什么差别，但很明显十年前的我跟今天可真是没法比。很简单，持续地阅读思考写文章，就一定有进步。也算用自己做实验来验证从来不存在速成法。多年前让我大开眼界的一些认知，大致是一个框架，一个观察世界的相对正确的框架，离成品的完善还有十万八千里。在观念的完善和表达上，我还有很长的路要走，所以我就一点也不着急。

即便是正确的理念，你或许以为都知道了，也依然需要日复一日地重复，在阅读中强化、扎实。就像我现在看书，大致的观点一点也不新鲜，但是某些书里哪怕有那么一两句话，某个例子，甚至某种角度的解释让我觉得有意思，就没白看。没有耐心是做不到这一点的。

人对这个世界的整体的认知无法精密地切块分类。是不是知道了这些之后整个人就厉害了？"想不到一个人要掌握正确的理念要开阔视野是如此简单"，这其实就是一种急功近利的获取信息的方式了，急于求成，只看标题和结论。在今天尤其普遍。这注定人们是记住了一些口号罢了，浮游在大脑皮层，投机取巧，应用在具体事例中也不够生搬硬套，遇到稍微改头换面的谬论就彻底懵了。

　　理论都很抽象，生活却很具体，生活中需要去体验的各个方面都是抽象无法触达的。哪怕只是用理论生搬硬套解释现象，没有生活经历的人也常常陷入一种误读。这种感知能力的获取，需要的是理论思考与生活体验的反复磨合。最怕的是自以为聪明的"我都知道了"。如果一个人能够认可一切知识和能力不存在神秘的速成法，那么同样道理，绝对不存在看一两本书几篇文章就有一种"我都知道了"的现象。

　　说来说去，知道这些本身也是运气。人和观念就是一种缘分。随缘吧，就像你们能在这里看我的文章。

图书在版编目(CIP)数据

暗中观察/吴主任著. —上海：复旦大学出版社,2020.9
ISBN 978-7-309-15240-1

Ⅰ.①暗… Ⅱ.①吴… Ⅲ.①经济学-通俗读物 Ⅳ.①F0-49

中国版本图书馆 CIP 数据核字(2020)第 143638 号

暗中观察
吴主任　著
责任编辑/谷　雨

复旦大学出版社有限公司出版发行
上海市国权路 579 号　邮编：200433
网址：fupnet@fudanpress.com　http://www.fudanpress.com
门市零售：86-21-65102580　团体订购：86-21-65104505
外埠邮购：86-21-65642846　出版部电话：86-21-65642845
上海四维数字图文有限公司

开本 890×1240　1/32　印张 8.125　字数 133 千
2020 年 9 月第 1 版第 1 次印刷

ISBN 978-7-309-15240-1/F・2727
定价：58.00 元

如有印装质量问题,请向复旦大学出版社有限公司出版部调换。
版权所有　　侵权必究